Kunst heute 24					Lenk

Verlag Gerd Hatje Stuttgart

Dieter Honisch

Lenk

Herausgeber der Reihe *Kunst heute:* Werner Spies

© 1976 by Verlag Gerd Hatje, Stuttgart
ISBN 3 7757 0094 3

Wer über die Arbeit eines lebenden Künstlers, die ja noch nicht abgeschlossen ist, etwas sagen soll, kommt oft in Verlegenheit. Was heute im Mittelpunkt der Auseinandersetzung steht, kann an die Peripherie wandern, untergeordnete Gesichtspunkte an Bedeutung gewinnen. Das Œuvre ist vielfach noch zu schmal, als daß es sich lohnen würde, seine innere Entwicklung nachzuzeichnen. Auf der anderen Seite kann es jedoch, wie bei Thomas Lenk, bereits so viel Eigengewicht und historische Dimension besitzen, daß man die Beschreibung des künstlerischen Problems auf historische Grundpositionen ausdehnen muß. Ich möchte Einzelanalysen weitgehend vermeiden. Aber auch die historischen Querverbindungen sollen sich nicht zu einem unnötigen Ballast auswachsen.

Das Werk von Thomas Lenk ist frisch, die künstlerische Konzeption auf verblüffende Weise einfach. Lenk begann vor 10 Jahren mit einem rein formalen Problem: er versuchte die Vorstellung des kompakten, körperhaften Blocks mit der Vorstellung des unbegrenzten, körperlosen Raums zu verbinden. Lenk wollte ein immaterielles Objekt oder einen Raum, der sinnlich erfahrbar war, beides auf der Grundlage einer rationalen und nicht emotional belasteten Formstruktur. Der Raum, in dem sich dieses phänomenologisch interessante Experiment vollzog, war in zunehmender Weise nicht mehr der an Verbindlichkeit verlierende Kunstraum, sondern der öffentliche oder urbane Rahmen unserer Städte. Der Raum, in dem Lenk sein bildhauerisches Konzept zu entwickeln wünschte, war trivial besetzt, von den verschiedensten Interessen beansprucht. Er gab sich nicht kampflos preis und er nahm letztlich auch Einfluß auf Anordnung und Verwendung künstlerischer Formen. Hierbei ergaben sich genau die Schwierigkeiten, die bei der Umsetzung von Theorie in Praxis immer entstehen und die meist eine Idee nicht voll sich realisieren lassen. Insofern ist es bei Lenk wichtig, sich den utopischen Charakter seines Konzepts, vor allem in den späteren Werken, stets vor Augen zu halten. Lenk will keine Plastiken mehr schaffen, sondern ›Urbanwerke‹, Modelle, die Lernprozesse auslösen und neue Realitätsbezüge regelrecht einüben. In diesem, ganz auf Öffentlichkeit ausgerichteten Sinn ist die formale Arbeit von Thomas Lenk auch politisch und kann nur in dieser letzten Konsequenz richtig verstanden werden.

Das Problem

Im Bereich der Kunst ist es weniger interessant, Entwicklungen immanent zu beschreiben, als nach den Gründen zu suchen, die bestimmte Entwicklungen von außen her erzwingen. Immer waren es politische, soziale oder auch psychologische Konstellationen, die eine neue künstlerische Handlung nötig machten. Heinz Mack hat das einmal treffend beschrieben: »Zunächst mußte mir bewußt werden, wie die aus der Renaissance bekannten Gesetze des Sehens, die auch in der modernen Kunst noch immer erschreckend tradieren, überhaupt nicht mehr gelten. Raum war nicht mehr der Raum; Zeit war nicht mehr die Zeit;

Masse nicht mehr die Masse; alle Relationen und Proportionen stimmten nicht mehr.« Ausgangspunkt war nicht die Kunst, sondern ein bestimmtes Lebensgefühl, dem die verbindliche Gestalt fehlte. Arnold Hauser drückte das einmal folgendermaßen aus: »Das, was fertig vorliegt, ist viel mehr ein Negativ als ein Positiv, nämlich der Inbegriff dessen, was im jeweiligen historischen Moment als unmöglich erscheint – unmöglich zu denken, zu fühlen, auszudrücken oder zu verstehen.« Um jedoch verstanden zu werden, muß sich das Kunstwerk auch wieder innerhalb eines Verabredungsrahmens stellen, in dem allein es wahrgenommen werden kann. Das ›Neue‹ macht sich bemerkbar als Kritik oder auch als Negation des ›Alten‹. Es stellt sich als Kritik oder Negation dar, ohne sich jedoch darin zu erschöpfen. Der Künstler ist zunächst einmal immer für etwas, denn dies ist der Impuls, der ihn treibt. Er wirkt jedoch in einen bestimmten Erwartungsbereich hinein, der sich am Bestehenden orientiert und von der Tradition her mit bestimmten Bedürfnissen ausgestattet wurde, gegen die er sich richtet. Es gibt Künstler, die so speziell recherchieren, daß diese Tätigkeit sich nicht mehr mitteilt. Und es gibt wieder Künstler, die so mitteilsam sind, daß sie zu neuen Realitätserfahrungen nicht mehr kommen. Zwischen diesen Extremen hat die Arbeit des Künstlers ihren gesellschaftlichen Bezug. Wir wollen nicht von denen sprechen, die Öffentlichkeitsarbeit mit Kunst verwechseln, aber auch nicht von denen, die Kreativität allein mit Humanität gleichsetzen. Kunst muß immer auf den Menschen zielen. Diesen Menschen wiederum findet sie in ganz unterschiedlichen Konditionen vor: arm und reich, schlecht und gut ausgebildet, verschiedenen Rassen oder gesellschaftlichen Schichten angehörend. Der Künstler beginnt sich zu fragen, wem er seine Arbeit zur Verfügung stellt und was mit ihr gemacht wird. Das sind Fragen, die früher kaum beachtet wurden, die von Theoretikern wie Einstein, Benjamin, Marcuse und anderen erarbeitet, heute im Mittelpunkt der Auseinandersetzungen stehen. Dabei ist verständlich, daß sich heute Künstler mit dieser Problematik beschäftigen, unter ihnen Thomas Lenk, der die Zukunft der Kunst weniger in Stilfragen, als vielmehr in einer ›Sozialbindung‹ des Ästhetischen sieht. Schon hier wird klar, daß wir bei dem Versuch, das Konzept von Lenk zu beschreiben, nicht weiterkämen, wenn wir lediglich stilgeschichtlich, biographisch oder formanalytisch vorgingen.

Die Situation

Lenk hat seine Arbeit immer in einem geschichtlichen Kontext gesehen; er bekennt sich zur Geschichte. Aber zu welcher Geschichte, muß man da gleich fragen. Die geistige Tradition war in Deutschland durch die politischen Ereignisse unterbrochen worden. Fast alle wichtigen Künstler hatten Deutschland verlassen oder hatten sich in die innere Emigration zurückgezogen. Die Generation, die nach dem Krieg anfing, mußte den Ausgangspunkt erst wieder finden. Sie mußte, und das geschah mit archäologischem Fleiß, erst die Positionen freilegen, die sich inzwischen international ausgewirkt hatten. So erschien vielfach als Import, was eigene Positionsbestimmung war. Dieser Prozeß, den man heute noch in Osteuropa beobachten kann, ist vielfach noch nicht abgeschlossen. Wenn wir bisweilen unwirsche Abgrenzungsversuche europäischer gegenüber amerikanischen Künstlern antreffen, so zeigt sich darin die bis zur Allergie gesteigerte Enttäuschung einer düpierten Generation. Sie fühlt sich gleich zweimal betrogen. Erst wurde ihr die eigene Geschichte genommen und dann prellte man sie auch noch um die erreichten Einsichten. Diese Desavouierung wirkte sich nicht nur geistig, sondern vor allem ökonomisch aus. Welchen Preis ein Künstler heute auf dem Weltmarkt erzielt, bestimmt weniger die Originalität oder Qualität einer Arbeit, als vielmehr seine geographische Herkunft. Man sollte die Impulse nicht übersehen, die Europa besonders durch Amerika erhalten hat. Man sollte aber auch auf der anderen Seite nicht so weit gehen – wozu vor allem die amerikanische Kunstkritik häufig neigt –, europäische Antizipationen grundsätzlich nicht zu bemerken.

Die Stunde Null, von der Piene, Mack und Uecker ausgingen, schlug für Lenk und andere Künstler seiner Generation auch. Den Kampf, den »Zero« gegen die resignierende, im wesentlichen auf Europa besckränkte Verinnerlichung des Tachismus führte, um zu einer neuen, unbelasteten und weltoffenen Sensibilität zu finden, führte Lenk gegen die Veräußerlichung und das Motivische, wie sie etwa die Neue Figuration kennzeichnete. Zero ging vom Nouveau Réalisme oder auch von dem wenig bekannten »Unismus« Strzeminskys aus, Lenk von Giacometti. Die Kontakte zu Amerika kamen später. Für Zero lag die Problematik vor allem im technologischen Bereich, für Lenk im Distanzbereich.

Das diese Generation bestimmende Leitbild einer Harmonisierung des Menschen mit der letztlich durch ihn und seine Interessen zerstörten Umwelt ist tief in der europäischen Tradition verwurzelt. Wenn Malewitsch es als die eigentliche Aufgabe von Kunst angesehen hat, »die Welt in die menschliche Ebene zu heben«, dann bewegen sich seine Gedanken auf einer Ebene, die sich heute immer stärker dem Sozialen zuneigt. Die europäischen Künstler haben gerade die soziale Funktion ihrer Tätigkeit bereits früh entdeckt und Einfluß auf ihre Konzeption nehmen lassen.

Der Körper

Das Ausdrucksfeld des Bildhauers ist von jeher der Körper, aber der Körper ist nicht mehr gleichzusetzen mit der menschlichen Figur. Aristide Maillol sagte einmal: »Skulptur, das ist für mich der Block.« Zu Beginn des 20. Jahrhunderts tritt der Raum als Antipode hinzu. Das Problem ist, einen Körper in einem Raum darzustellen. Aber was muß das für ein Körper sein, und wie ist der Raum beschaffen, in dem er sich aufhält? Rodin hat das Problem auf die Zone reduziert, in der Körper und Umraum sich begegnen (*Bürger von Calais*). Seine Konsistenz und sein innerer Aufbau waren für ihn nicht wichtig. Aus diesem Grund sind auch Henry Moores Körperverleugnungen und die geschmeidige Sinnlich-

Dialektisches Objekt 14 (zentrifugal), 1962

Objekt 32 e (Zonen), 1964
Objekt 33 a (für Alberto), 1964

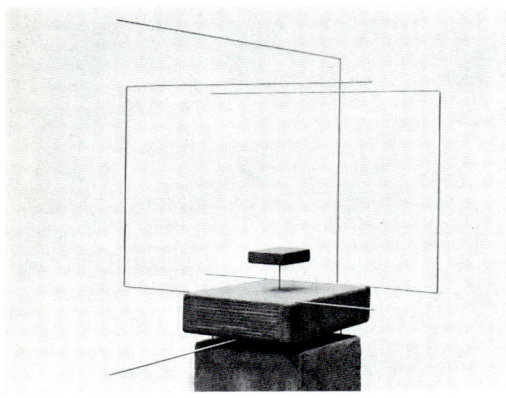

keit Arps, welche die Existenz des Körpers gleichsam entschuldigte, für die Entwicklung des Problems von Lenk von geringer Bedeutung. Wichtig wurde vielmehr Constantin Brancusi, der einen abstrakten und harten Körperkern gegen die Umgebung setzte. Lenk faszinierte die Kompaktheit der Formen und die Tatsache, daß Brancusi nicht mehr zwischen Skulptur und Sockel unterschied, sondern beide als Einheit sah. Ihm fehlte aber der Glaube an die Unversehrtheit dieser Körperlichkeit, ihm ging es bereits um die Position dieses Körpers in unserem Erfahrungsraum.

Schon in den *Häufungen* (1957–1962) und später dann auch in den *Zonen* (1964) versucht er, eine solche Position zu definieren. Der Körper sollte sich weder auf Kosten des Raumes noch der Raum auf Kosten des Körpers darstellen. Wenn Kricke zum Beispiel das Problem in der Bewegung löste, so waren für Lenk diese Vorschläge zu körperlos. Für ihn standen Körper und Raum in einem dialektischen Verhältnis zueinander. Aber so sehr er auch vom Körper her denkt, so definitionsbedürftig ist für ihn gleichzeitig der Raum. In seinem *Objekt 15* (Seite 17) enwickelt er einen plastischen Block, der stalaktitenartig Fühler in den Raum vorzustrecken beginnt, so als wollte sich die Plastik vorsichtig in ihm orientieren. Die Auseinandersetzung zwischen dem plastischen Körper und dem Umraum konzentriert sich auf nur wenige dramatisch zugespitzte Kontaktstellen. Aber das Problem ist damit eher zitiert als schon bewältigt. Das *Dialektische Objekt 13* (Seite 18) geht schon einen Schritt weiter. Lenk zerlegt den kompakten Block in mehrere flache Teilformen und staffelt ihn dadurch in den Raum hinein. Der Körper schiebt sich nun selbst in seine Umgebung vor. Erst die Mehrteiligkeit der Plastik – ein Prinzip, an dem in Deutschland vor allem Ernst Hermanns gearbeitet hatte – war überhaupt die Voraussetzung, Körper und Raum in Verbindung zu bringen. Die Tatsache allerdings, daß Lenk die Teile der Plastik nicht wie Hermanns auseinanderlegt, sondern zusammenhält, macht deutlich, wie dominierend die Blockvorstellung gerade bei ihm ist. In dieser Phase spielt für Lenk neben Brancusi vor allem Alberto Giacometti eine große Rolle, insbesondere seine Darstellung von Plätzen, auf denen von Raum aufgezehrte Gestalten aneinander vorübergehen. Besonders das *Objekt 32 e* und das *Objekt 33 a* zeigen diesen Einfluß deutlich. Während Giacometti jedoch seine Plastiken nach allen Seiten hin offen läßt, versucht Lenk sie durch dünne Stahlstäbe von der Umgebung abzugrenzen. Somit bleiben auch die ›Additionen‹ aus den Jahren 1961–1963 (Seite 18, 19) noch ganz in der Körpervorstellung gefangen. Gleichzeitig aber bereiten sie die späteren Arbeiten vor, weil sie das Volumen stark reduzieren und die Elemente geregelt zu reihen beginnen. Die Elemente sind jedoch noch nicht autonom, sondern sie treten zu Kompositionen zusammen. Die Komposition ist es auch, welche die untergeordneten Teile zusammenfaßt. Lenk erkennt schon hier, daß er den Körper nicht direkt an den Raum binden kann, sondern lediglich die Vorstellung von ihm. So kommt er zu Plastiken, die, wie Anthony Caro es einmal formulierte, »sehr körperlich sind, aber ihre Körperlichkeit verleugnen«. Damit ist die Basis geschaffen, die Durchdringung von Körper und Raum über die Illusion zu suchen.

Die Fläche

Ausgangspunkt für alle Körper- und Raumillusionen war die Fläche. Die Malerei des 15. und des 16. Jahrhunderts hatte die Körper- und Raumvorstellung mit Hilfe der Zentralperspektive flächig objektiviert, so daß der Barock ganz frei über sie verfügen konnte. Erst das 20. Jahrhundert begann das Problem merkwürdigerweise wieder aufzugreifen, indem es sich, an den Klassizismus anknüpfend, wieder auf die Fläche zurückzog. Adolf von Hildebrand hatte bereits erklärt: »So lange eine plastische Figur sich in erster Linie als ein Kubisches geltend macht, ist sie noch im Anfangsstadium ihrer Gestaltung, erst wenn sie als ein Flaches wirkt, obschon sie kubisch ist, gewinnt sie eine künstlerische Form...« Hildebrand formuliert hier eine Situation, parallel zum Kubismus. Für diesen war die Simultaneität, die in einem Blick sich herstellende Totalansicht eines Gegenstandes, gleichsam das Äquivalent für die bis dahin sich sukzessiv bildende Körpererfahrung. So wie Cellini die absolute Rundheit der antiken Figur in einer Vielfalt von Ansichten wiederzugewinnen hoffte, so versucht der Kubismus im Begriff der Simultaneität dem Gegenstand die Totalität seiner Erscheinung zurückzugeben. Was bei Cellini noch die Erinnerung leisten mußte, das hatte im Kubismus die Fläche zu bewirken als Koinzidenz aller Ansichten. Konstruktivismus und Bauhaus dagegen versuchten, die Körperwelt im Rückgriff auf die Primärformen von Kubus, Kegel und Kugel ganz neu zu errichten. Sie gaben dabei jedoch die Anschaulichkeit auf. Anschaulich wurden die Primärformen erst in der Minimal Art, welche die Lösung in der Relation zum Betrachter fand.
Die Bilder und die Objekte des Konstruktivismus waren noch eigene Welten, Ganzheiten in sich, während die konstruktive Produktion heute aus ihrer Relation zum Betrachter lebt. Das ist auch für Lenk insofern wichtig, als die Dimension seiner Arbeiten sich aus dem Ort definiert, an dem sie stehen, nicht aus der Konzeption des Objektes. Von ganz entscheidender Bedeutung war für die Generation nach dem Krieg, der auch Lenk angehört, die Anschaulichkeit der Arbeit. Hinzu kam der Wunsch nach Immaterialität. Schon Berto Lardera formulierte in der Tradition des Kubismus: »In meiner ersten zweidimensionalen Plastik von 1942 wollte ich das Volumen, das Gewicht, die Masse durch optische Suggestion ersetzen.« Hierin zeigt sich deutlich die Verlagerung des Interesses vom Objekt auf den Seheindruck, das später auch die Op Art kennzeichnet. Schon 1920 hatten Naum Gabo und Antoine Pevsner in ihrem Realistischen Manifest die These vertreten: »Wir lehnen in der Skulptur die Masse als plastisches Element ab.«
Hier knüpft Lenk an. So, wie der Konstruktivismus einmal als der Umsteigebahnhof von der Malerei in die Architektur bezeichnet wurde, so war für Lenk die Fläche das Medium, um den plastischen Körper in den Raum zu bringen. Das Volumen wird aufgeteilt und so geschichtet, daß der Eindruck eines von Raum durchdrungenen Volumens entsteht (Seite 22, 23). Die Schichtung entwertet zwar das Volumen, nimmt ihm jedoch nichts von seiner Geschlossen-

heit. Auf der anderen Seite wird der Raum nicht durch das plastische Objekt okkupiert. Während die frühen Arbeiten wie *Schichtung 4* (Seite 22) oder *Schichtung 18* (Seite 26) durch klaffende Motive den Außenraum in das Innere der Plastik eindringen lassen und somit das alte Problem von Körperraum und Freiraum anklingen lassen oder durch heftige Raumstöße wie in *Schichtung 5* (Seite 23) oder in *Schichtung 28* (Seite 39) gestikulierend in den Freiraum einzudringen versuchen, werden die Bewegungen später knapper und präziser. Die Plastiken haben meist symmetrischen Aufbau. Die Aneinandersetzung von Frei- und Körperraum wird bereits in den ›Tor- und Brückenskulpturen‹, die seit 1964 entstehen und die umfangreichste Gruppe innerhalb des Œuvres darstellen, in den verschiedensten Variationen untersucht.

Der Betrachter

Es gibt verschiedene Möglichkeiten, die Materialität der Plastik zu überwinden. Die Kinetiker haben es durch die Bewegung versucht, die Konkreten durch formale Progressionen. Andere wieder verwandten transparente Materialien oder benutzten in der Nachfolge von Moholy-Nagy die Plastiken lediglich als ›Geräte‹ zur Herstellung von bestimmten Erscheinungsbildern. Allen diesen Bemühungen ist gemeinsam, daß der Akzent sich vom Objekt auf den Betrachter und seine Vorstellungskraft verschoben hat. Auch Lenk reduziert in seiner Arbeit nicht nur das Volumen, er beginnt auch seine plastischen Objekte auf den Betrachter auszurichten. Während die frühen Arbeiten noch weitgehend Rundplastiken waren, unterscheiden sich Haupt- und Nebenansicht immer stärker voneinander. Einer ›Effektansicht‹ (Abbildung oben) entspricht eine ›Banalansicht‹ (Abbildung unten). Lenk hatte 1964 beinahe zufällig entdeckt, daß sich durch das Hintereinanderstaffeln von genormten Scheiben die Illusion eines Körpers einstellte, der voluminöser erschien, als er tatsächlich war. Durch diesen illusionistischen ›Trick‹ gelang es, mehr Volumen herzustellen, als tatsächlich vorhanden war. Der Betrachter, der sich in der ›Effektansicht‹ dieser Täuschung hingab, deckte sie jedoch in der ›Banalansicht‹ wieder auf. Dieses Vortäuschen und Entlarven führt zu einer starken Irritation, die den Betrachter zwingt, sich Rechenschaft über seine Distanzerfahrungen zu geben, sie zu reflektieren. Dieses Irritationsmoment wird vielfach noch dadurch verstärkt, daß Lenk die Deckplatte seiner plastischen Objekte anders färbt als die sich aus der Schichtung ergebene Struktur. Es wird für den Betrachter noch schwerer, den Punkt zu fixieren, von dem aus sich der vorgestellte Raumstoß der Plastik entwickelt (siehe die Abbildungen auf den Seiten 32–34, 43). Die Plastik setzt irgendwo an und hört irgendwo auf. Sie identifiziert sich nicht, wie etwa in der Minimal Art, mit einer realen Abmessung, sondern sie überdehnt und überspielt die Trivialdistanz. Trotzdem will Lenk mit seiner Arbeit in den Trivialbereich hineinwirken. Der potentielle Betrachter ist für ihn nicht Kunstexperte oder Museumsbesucher, sondern derjenige, der den öffentlichen Raum

Schichtung 20, 1967

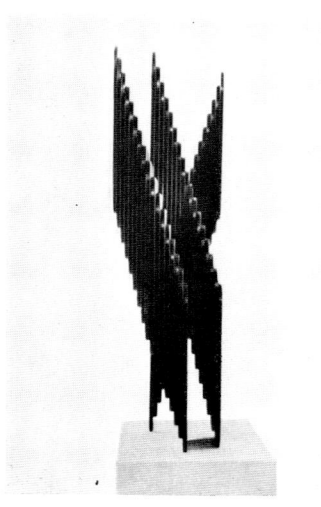

nutzt, sich in ihm aufhält. Lenk nennt diesen, für den Betrachter durchschaubar gemachten und auf ihn bezogenen Raum den domestizierten Raum. Er stellt den Versuch dar, aus dem unendlichen und unanschaulichen Abstraktum Raum etwas Begreifbares und Erfahrbares zu machen.

Der Raum

Der Betrachter von Lenks Arbeiten kann den Raum nicht einfach mehr als etwas Gegebenes hinnehmen. Er muß sich zunächst mit den neuen Distanzerfahrungen auseinandersetzen, welche diese Arbeiten zur Verfügung stellen. »Er erfährt sich«, wie Lenk einmal sagte, »innerhalb von Abgrenzungen, die durch seinen Standort mitfixiert sind, er befindet sich ständig in seinem Raum für sich.« Dieses Sich-in-einem-Raum-Befinden ist für Lenk der Versuch »innerhalb eines im Ganzen Undefinierbaren« einen definierten Ausschnitt darzustellen, »im Raum ›Räume‹ zu schaffen«, in denen »die Unvorstellbarkeit wie die relative Vorstellbarkeit zusammenfällt«. Der Raum ist für Lenk ein transzendentaler Begriff, den es jeweils in die Anschauung zu übersetzen und dadurch zu konkretisieren gilt. Aber dieser konkret gemachte Erfahrungsraum soll sich nicht auf die Vorstellung beschränken, sondern er soll in den trivialen Nutzraum integriert werden. Hier sieht Lenk seinen öffentlichen Auftrag, der es ihm nicht mehr gestattet, sich auf das Museum und die Kunstsphäre zurückzuziehen. Es geht Lenk also nicht primär um die Artikulation von Kunstraum, nicht darum, die gesellschaftliche Isolation, in der sich dieser Kunstraum befindet, zu bestätigen, sondern darum, ihn im ›Urbanwerk‹ allen Menschen gleichermaßen zugänglich zu machen, wie beispielsweise beim Projekt eines Musikturms (Abbildung Seite 14). Erst »auf die gesellschaftliche Ganzheit« bezogen, nicht nur »auf einen kunstbeflissenen Ausschnitt aus ihr« und als »Korrektiv« und als »Lernmethode« gleichzeitig kann Kunst den gesellschaftlichen Prozeß nicht nur reflektierend begleiten, sondern schließlich mitbeeinflussen. Erst in dieser »emanzipatorischen Wirksamkeit« sieht Lenk den eigentlichen Sinn und das Ziel seiner Arbeit. Raum ist für ihn letztlich nicht ästhetisches Phänomen, sondern immer auch zugleich öffentlicher und gesellschaftlicher Bereich. Allerdings ist dieses Ziel weit gesteckt. Der Künstler müsse augenblicklich noch zu einer Art »schöngeistiger Kriminalität« greifen, um im trivial genutzten Raum überhaupt bemerkt zu werden. Das geschieht zum Beispiel dann, wenn die öffentlich angebrachte Plastik so ins »Monströse« überdehnt wird, daß sie sich aggressiv auswirkt. Im Innenraum hieße das, die Plastik so zu vergrößern, »daß ein umbauter Raum nicht Domestizierung, sondern Gefängnis bedeuten kann« (Seite 57). Im Außenraum dagegen sollte eine Plastik »durch Desorientierung die überkommene Umwelterfahrung irritieren«. Zu dieser »Guerillatätigkeit« hat Lenk bisher leider wenig Gelegenheit gefunden. Für ihn selbst ist dieses »Aggressivwerk« nicht Negation von trivialer Nutzung, sondern der Versuch, in diesen Nutzraum einzudringen und ihn erneuter Reflexion zugänglich zu machen. Erst das ist für ihn der Weg, zu einer Humanisierung unserer Städte zu gelangen, in denen die rein kommerzielle Nutzung die geistige Kommunikation nicht mehr ausschließt. Raum, das ist für Lenk geistig genutzter, urbaner Raum, vom Menschen und für Menschen geschaffen.

Die Struktur

Lenk schichtet flache und genormte Einzelelemente – meist Quadrate mit abgerundeten Ecken – so, daß Volumenillusionen entstehen. Mit der Schichtung war in die Komposition ein serielles Motiv eingeführt, das zu einem Signet für Lenk wurde. In seiner Eigengesetzlichkeit machte es die Komposition im traditionellen Sinn nach und nach überflüssig. Das Prinzip der Schichtung selbst war bereits ein starkes Ordnungselement. Frank Stella hatte erkannt, daß die äußere Form eines Kunstwerks notwendig mit seiner inneren Organisation identisch werden müsse. Auch Lenk ging es von Anfang an um die Homogenität der plastischen Arbeit, weil nur die einheitliche Konzeption ein mehrteiliges Objekt davor bewahrte, in ein Konglomerat zu zerfallen. War es zunächst noch mehr eine aus der Komposition entwickelte Ganzheitsvorstellung (Seite 19), die diese Einheitlichkeit herstellt, so leistete dies einfacher und überzeugender die Struktur der Schichtung selbst (Seite 24). Der Begriff der Ganzheit, den die Komposition repräsentiert, wurde abgelöst durch den Begriff der Einheitlichkeit oder der Kontinuität, den die serielle Schichtung repräsentiert. Dieser veränderten Organisationsform entsprach auch ein anderes Verhältnis zur Wirklichkeit. Es galt nicht mehr, Kunst gegen Realität abzugrenzen, sondern sie unmittelbar in diese Realität einzuführen. Das aber konnte Lenk nur dadurch, daß er der Wirklichkeit kein formales Konzept aufzwang, sondern ein System entwickelte, das dieser Realität unterschoben wurde und bestehende Relationen durchsichtig machte. Lenk konnte seine Plastiken nur deswegen so überzeugend im Trivialraum entwickeln, weil er nicht mehr von der Körpererfahrung ausging, sondern mit Hilfe der Schichtstruktur den Körper interpretierte und aus Distanzerfahrungen als räumliches Objekt konstruierte. Hauptmotiv der Arbeiten wird die diagonal verschobene Schichtung, der häufig eine kontrapostische Gegenbewegung entspricht; sie lockert das feste Stehen der Plastik und bremst zugleich den Tiefenstoß der Schichtung. Die Plastik entwickelt sich in einer flachen Raumzone (siehe Seite 41). Diese Zone erhält durch die Präzision der Struktur eine besondere Qualität gegenüber ihrer unmittelbaren Umgebung, die dadurch Hintergrund der Schichtung wird.

Das Werk

Die Arbeiten bis 1964 lassen sich im wesentlichen in drei Abschnitten zusammenfassen, die zeitlich aufeinanderfolgen. Die bewußte Auseinandersetzung der Plastik mit dem Raum beginnt bereits mit den ›Häufungen‹ (1957–1961), den ›Zonen‹ (1961) und den ›Additionen‹ (1961–1963). In dieser Frühphase steht die Frage nach dem Verhältnis von Plastik und Sockel und von Körperkern zum Umraum im Vordergrund. Kunstwerk und Trivialraum sind noch schroff entgegengesetzt. Erst allmählich beginnt sich das plastische Objekt vom Sockel zu lösen und nimmt Kontakte zum Umraum auf. Dieser umgebende Raum wird noch nicht in die Plastik einbezogen, weil die Blockvorstellung immer noch dominiert. Dort, wo sie sich bereits mehrteilig aufzulösen beginnt, isoliert die Komposition, welche die Einheitlichkeit zu leisten hat, die Plastik noch zu stark aus ihrer Umgebung. Die Integration der Plastik in den Raum gelingt Lenk erst mit den *Schichtungen,* die seit 1964 entstehen. Lenk reduziert die Komposition auf einfache, kontrapostische Gegenbewegungen und baut die Plastik aus flachen Normteilen auf, die geschichtet eine nicht vorhandene Körperillusion vermitteln. Die durch ›Ansichten‹ auf den Betrachter bezogenen Plastiken stellen kontinuierliche Raumschritte dar. Die Auseinandersetzung mit dem Trivialraum beginnt. Lenk versucht seine Arbeit direkt auf den öffentlichen Bereich zu beziehen, ›Urbanwerke‹ zu schaffen, als Beitrag zur Humanisierung der Städte. Es entsteht eine Reihe von theoretischen Überlegungen zu dem Problem Kunst und Öffentlichkeit, die in der Schrift *Aggressiv- und Urbanwerk* (1967–1970) ihren prägnantesten Ausdruck erhalten.

Modelle, 1960–63

Phono-Skulptur, 1970
(zusammen mit Erhard Karkoschka)

Schicht-Klammer, 1971/72,
Schulzentrum in Münster-Wolbeck

In der umfangreichen Modellserie *Inn-Skulptur* (Seite 54–57) von 1967–1970 setzt Lenk sich darum mit dem architektonischen Innenraum auseinander. Der Betrachter wird in die Plastik einbezogen. Das Problem von Innen- und Außenraum stellt sich neu. Die plastischen Elemente sind größer geworden, um sich stärker gegen die Dimensionen der technischen Welt zu behaupten. Das zeigt sich auch in der direkt anschließenden und 1971 begonnenen Modellserie *Kulissen* (Seite 58, 59), in der ganze Plastikformationen, gleichsam geschichtete Schichtungen, in die Landschaft gesetzt werden.

Während die früheren Phasen zu ganz konkreten Einzelobjekten führten, fand die letzte Werkgruppe bis auf ganz wenige Ausnahmen nur in Modellen ihren Niederschlag. Zur Verwirklichung der Arbeiten fehlten die Mittel und entsprechende Aufträge. Daher sah sich Lenk gezwungen, seine Ideen in Modellen und Fotomontagen zu entwickeln. Sie zeigen den einzigartigen Versuch eines Künstlers, direkt und in adäquater Dimension in den öffentlichen Bereich einzudringen, sich nicht mit den Einschränkungen abzufinden, denen etwa die ›Kunst am Bau‹ heute ausgesetzt bleibt. Das ist nicht mehr Kunst als Alibi oder als Dekoration oder als Bestätigung. Wenn Kunst in uneingeschränkter Öffentlichkeit wirken soll, dann kann sie das nicht mehr von der Museumsnische aus oder vom Ausstellungssockel herab.

Die Person

Schwer von Statur, doch nicht schwerfällig, am Gespräch mehr interessiert als am Vortrag, gesellig, mehr der Musik als schöngeistiger Literatur zugeneigt, die erst dort unter die Haut geht, wo sie sich formal zuspitzt, oder als optisches Spektakel sinnenträchtig wird, ein üppiger und deftiger Genießer, gleichwohl manchmal mimosenhaft in seiner Reaktion, das ist Thomas Lenk, wie ihn seine Freunde kennen. Es gibt kein Thema, das ihn nicht beschäftigt – ausgenommen Fußball –, viele Dinge, die ihn zutiefst beunruhigen, und politische Ereignisse, die ihn sofort zum Handeln treiben. Immer wieder hat er sich für humanitäre Ziele eingesetzt, um nicht zu sagen gebrauchen lassen, hat Initiativen unterstützt und ins Leben gerufen, die von ganz persönlichem Engagement getragen waren. Als in Berlin geborener Thüringer, gehört er zu denen, die in der Bundesrepublik nicht alle Facetten deutscher Tradition und Geistigkeit repräsentiert sehen. Immer wieder führten ihn Reisen nach Ungarn, Jugoslawien, der Tschechoslowakei oder auch Polen, also in Landschaften, die mit unserer Geschichte mehr verbindet als Ibiza oder Mallorca. Lenk ist ein Mensch, der sich mit der Tradition und der Geschichte beschäftigt, weil er mehr über die Zustände erfahren will, in denen er sich befindet und die er ändern will. Sein ausgesprochener Sinn für das Besondere und Einzigartige bestimmter Situationen, Landschaften oder Charaktere hat ihn immer davor bewahrt, Empfindungs- oder Verhaltensklischees zu übernehmen. Stets der Avantgarde verpflichtet, wirkt er eher unmodern. Ihn quälen keine Image-Sorgen. Zur Selbst-

Spiegel-Schichtung, 1972, Hochschulsportanlage auf dem Olympiagelände, München

darstellung hat er kaum ein Verhältnis, eher zu Strategie und Inszenierung. Am liebsten verkehrt er mit Freunden. Neuen Bekanntschaften gegenüber bleibt er reserviert und beschränkt sich auf die für die Durchsetzung seiner Arbeiten notwendigen Kontakte.

Als Bildhauer hat er keine akademische Ausbildung genossen. Sein Vater, Franz Lenk, war ein in Deutschland bekannter Maler der Neuen Sachlichkeit, dessen Kunst aber in dem Augenblick nicht im Mittelpunkt des Interesses stand, als Thomas Lenk seine ersten künstlerischen Erfahrungen sammelte. Wichtig wurde für ihn nach seiner Übersiedlung nach Baden-Württemberg der Kontakt zu Georg Karl Pfahler und zum Kreis um die Galerie Müller in Stuttgart. Hans-Jürgen Müller stellte Lenk auch schon 1962 in seiner Galerie aus, als noch keiner ihn kannte, und dort wurde dann auch bis 1970 regelmäßig über die Entwicklung seiner Arbeit informiert.

Wichtig war die Beteiligung an der Ausstellung »New Shapes of Color«, die das Stedelijk Museum in Amsterdam 1966 ausrichtete und die dann 1967 unter dem Titel *Formen der Farbe* im Kunstverein in Stuttgart und in der Kunsthalle Bern zu sehen war. Von da an nahm Lenk an vielen international wichtigen Ausstellungen teil, unter anderem 1968 an der *4. Documenta* in Kassel, 1969 an der *I. Biennale Nürnberg* und 1970 am deutschen Beitrag der *XXXV. Biennale Venedig,* der 1971 in Warschau gezeigt wurde. Neben einigen Architekturprojekten 1968–1972 in Münster (Stadttheater, Schulzentrum Münster-Wolbeck, Landesversicherungsanstalt), 1969 in Essen (Hauptverwaltung Karstadt) und 1972 für die Olympiade in München, machte er mit Theodor W. Adorno, Helmut Heißenbüttel und Franz Mon bibliophile Ausgaben und entwickelte zusammen mit dem Komponisten Erhard Karkoschka ein Projekt für eine Musikskulptur, was seine Bemühungen deutlich macht, seine Arbeit mit anderen Kunst- und Lebensbereichen zu verbinden.

Objekt 15, 1961

Dialektisches Objekt 13
(Bribir I), 1962

Dialektisches Objekt 19
(Mykenä), 1963

Objekt 20 (Hommage à Victor de), 1963

Objekt 23 (status quasi), 1963

Schichtung 4 (Signalspalte), 1964/65

Schichtung 5 (Zour-Khâneh), 1964/65

Folgende Seiten:
Schichtung 9 (Nosferatu), 1964/65
Schichtung 16 (Zour-Khâneh), 1965

Schichtung 18, 1965

Schichtung 11 (Brooklyn), 1965

Schichtung 36 c
(Zeichen in der Ebene)
1969

Schichtung 21 a, 1967

Schichtung 31 d, 1970

Schichtung 22, 1965

Relief 9, 1965

Relief 14, 1965

Seite 32: Relief 32, 1973
Seite 33: Relief 31 a, 1971

Seite 36/37 (von links nach rechts):
Schichtung 80, 1968
Schichtung 87 (Dick und Doof), 1970
Schichtung 26 d, 1966
Schichtung 74 (Tsching und Tschang), 1968

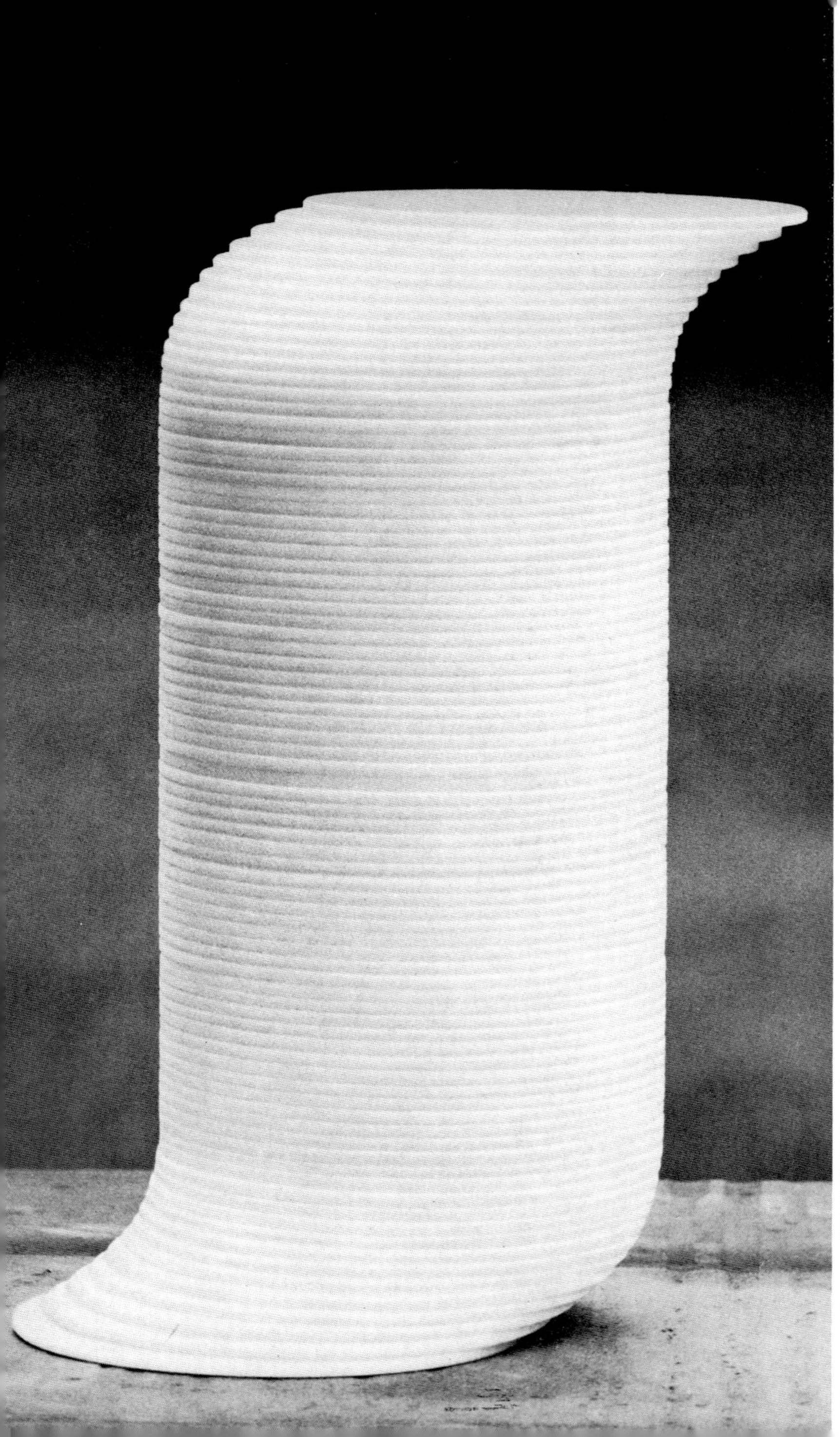
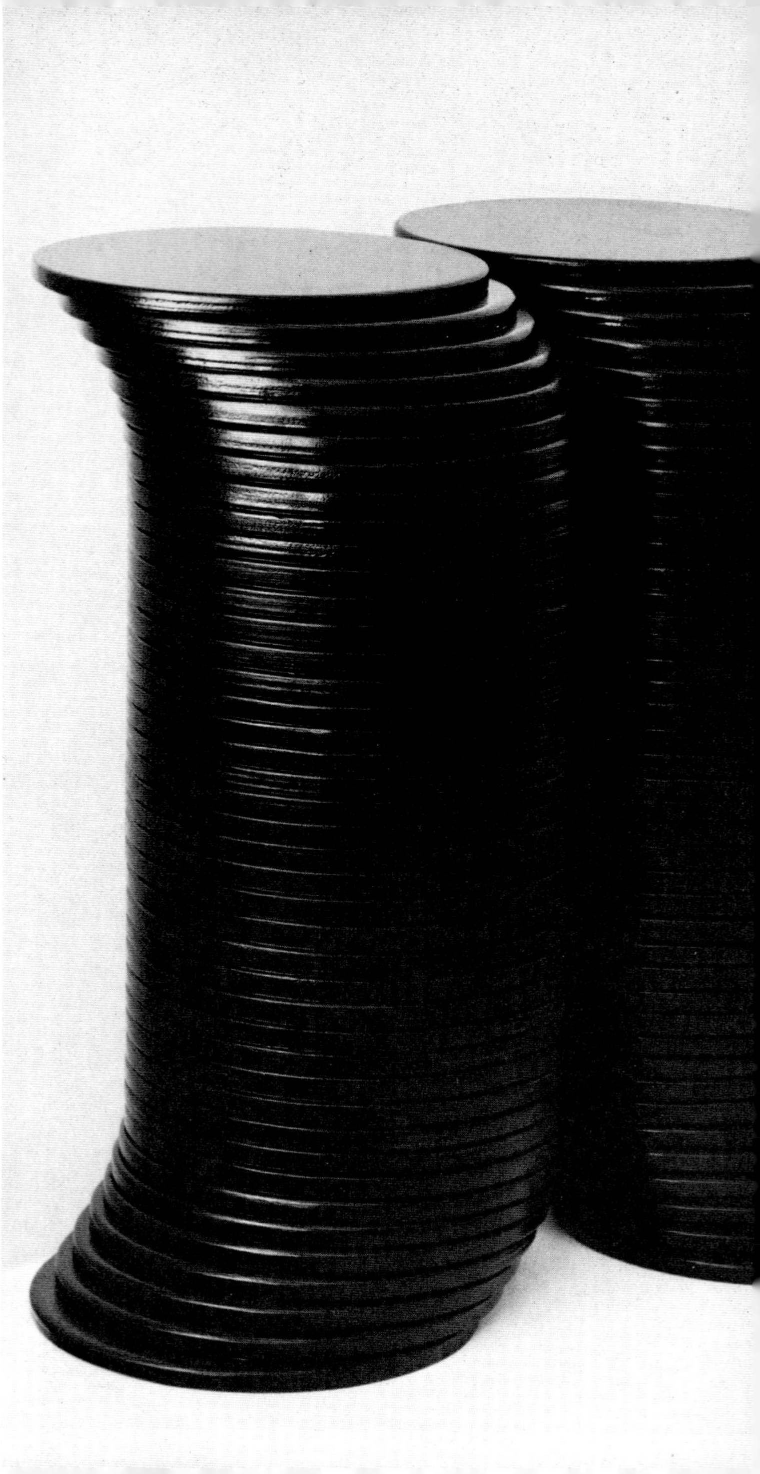

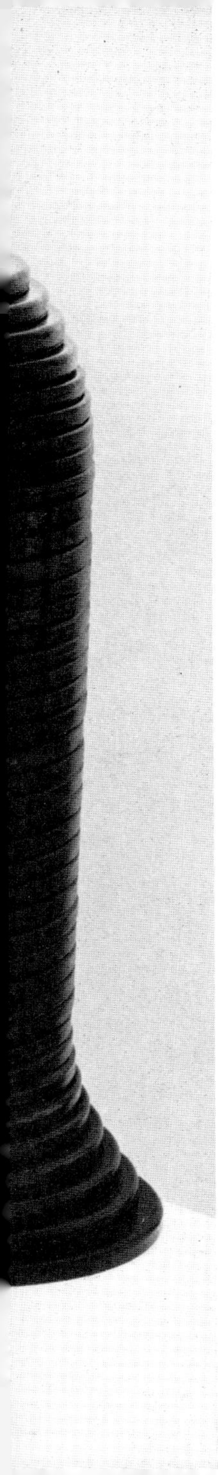
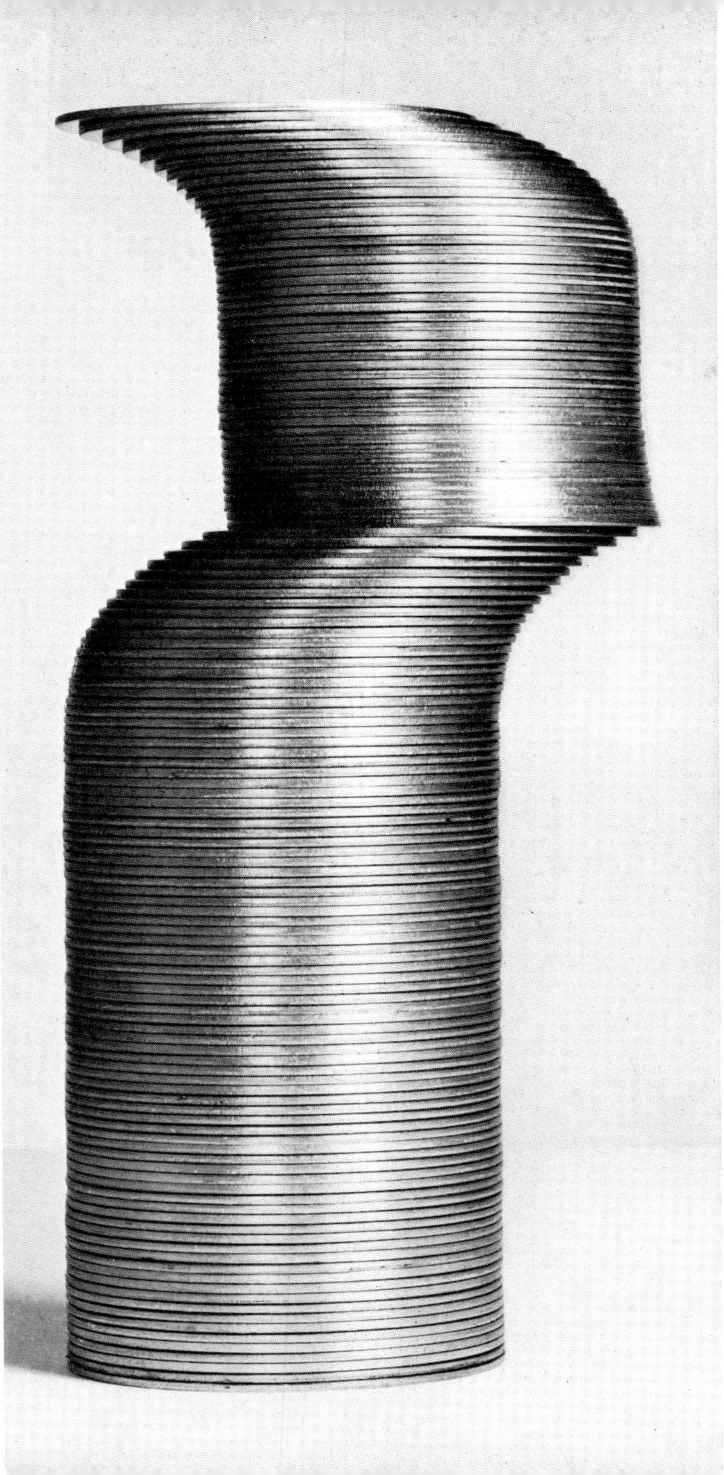
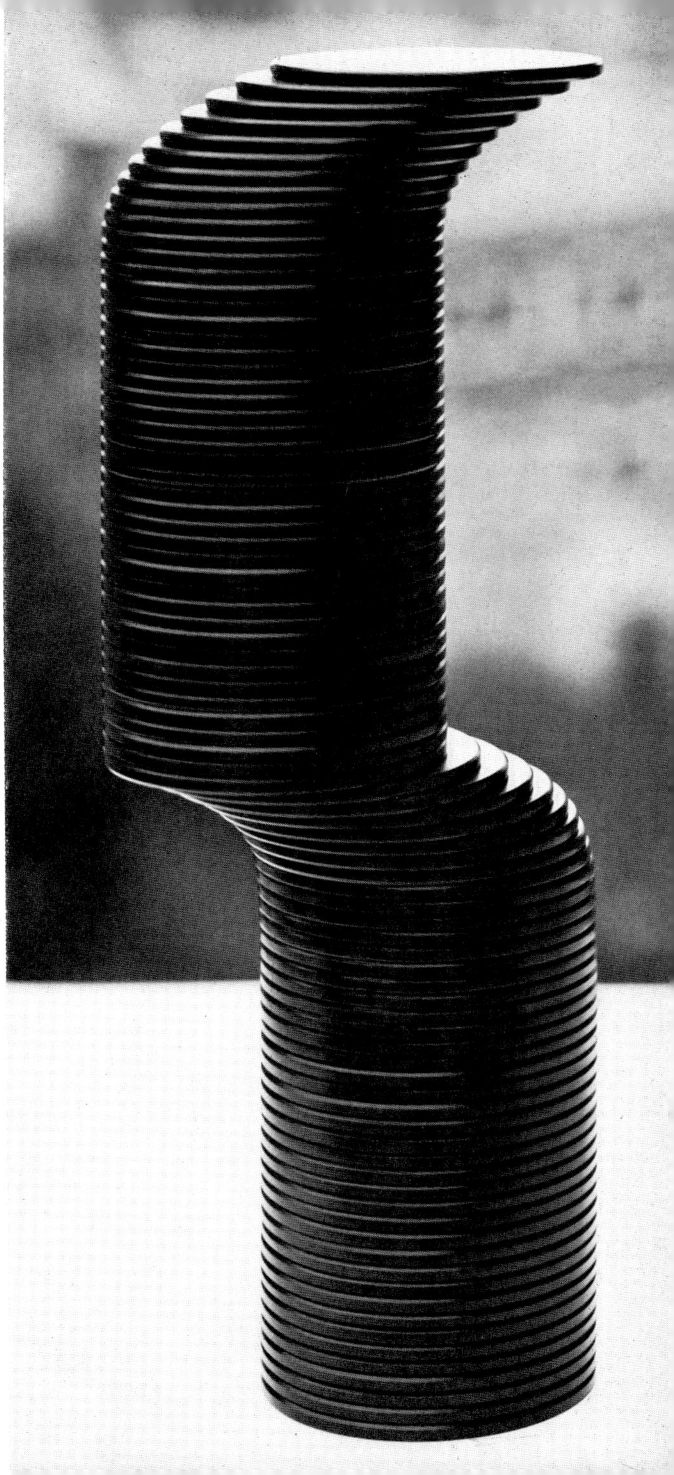

Schichtung 29, 1966

Schichtung 28, 1966 >

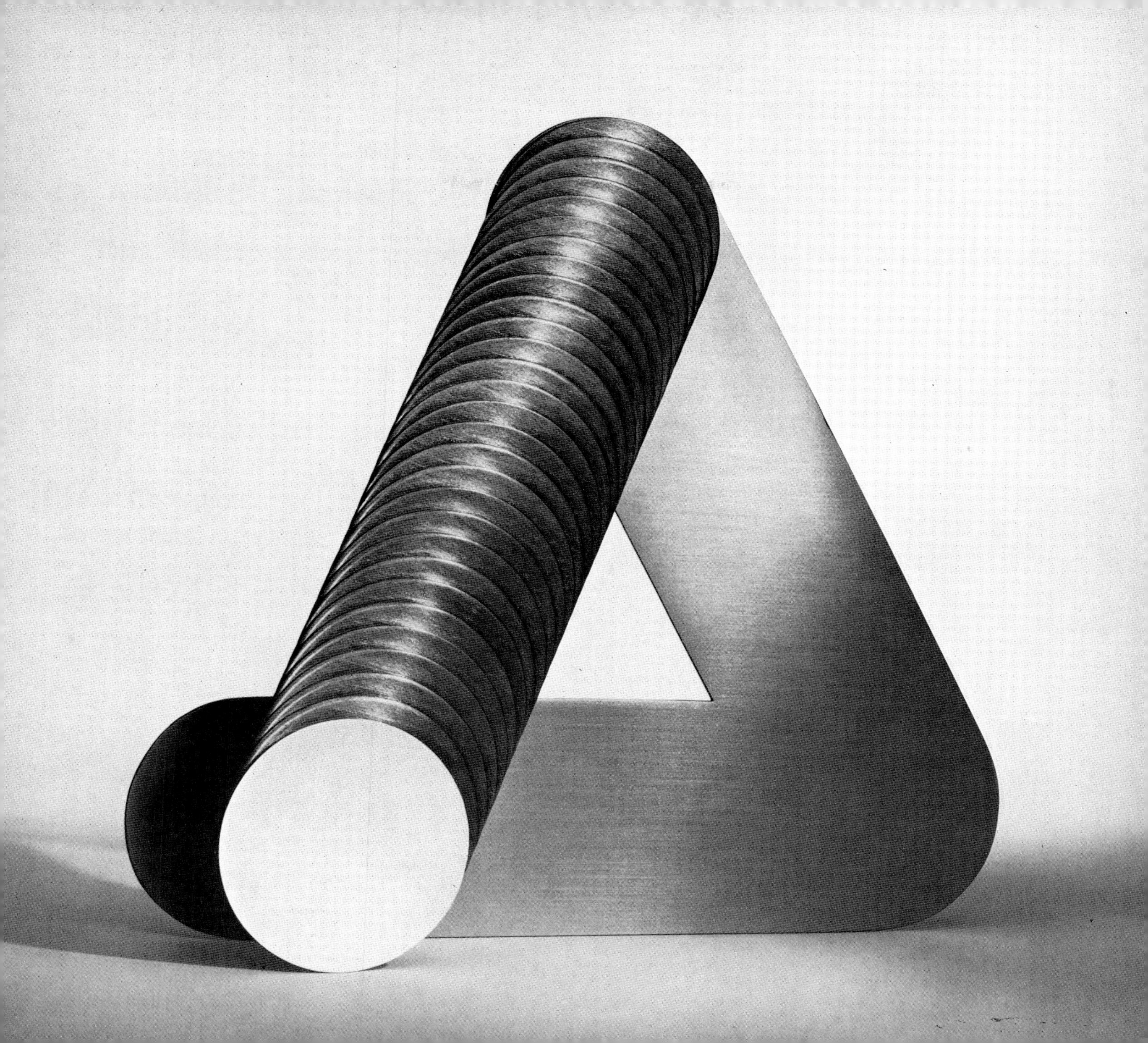

Schichtung 89, 1970

Schichtung 55 d, 1968

Schichtung 72, 1968

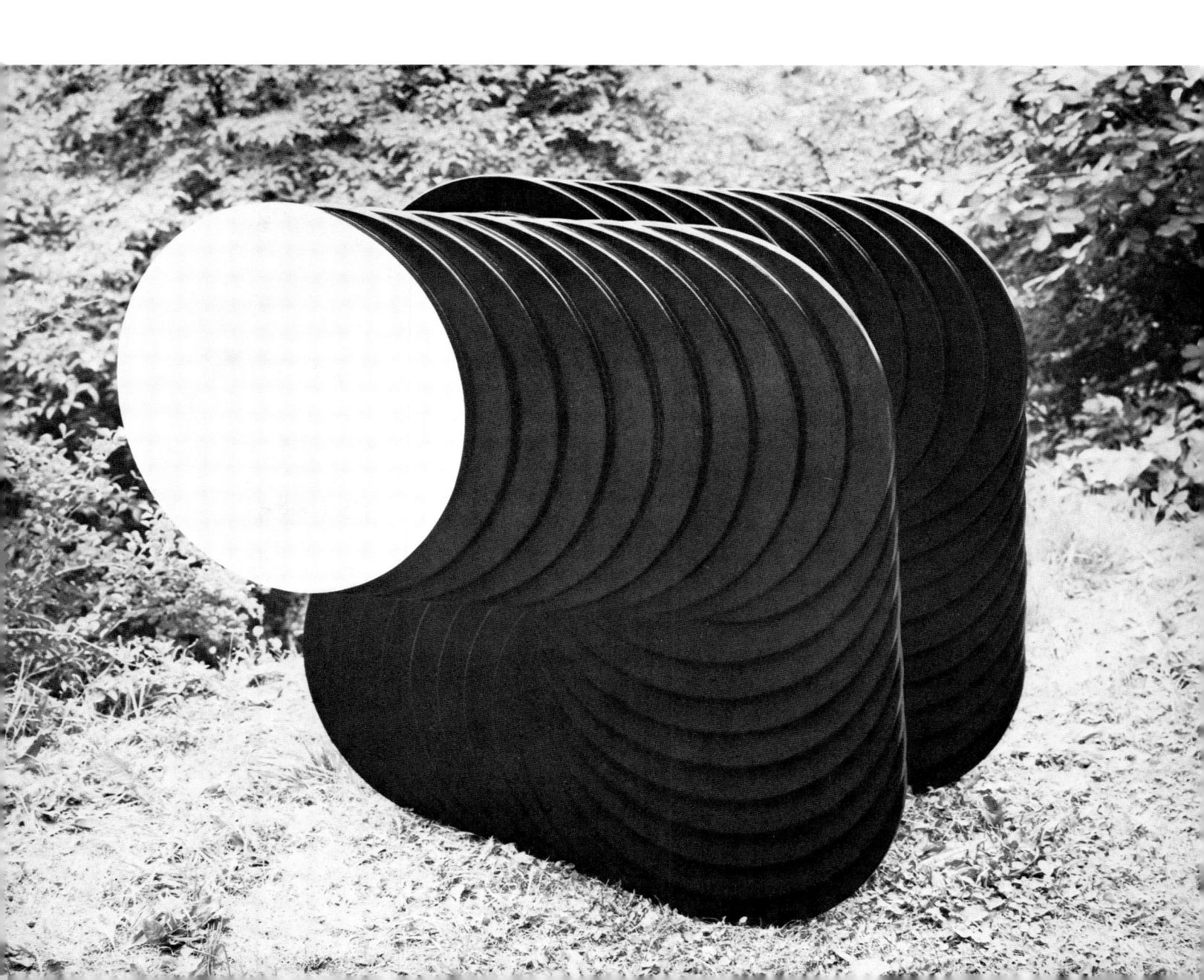

Schichtung 88, 1970

Relief 17, 1965

Relief 25, 1967

Schichtung 62
(Zour-Khâneh)
1967

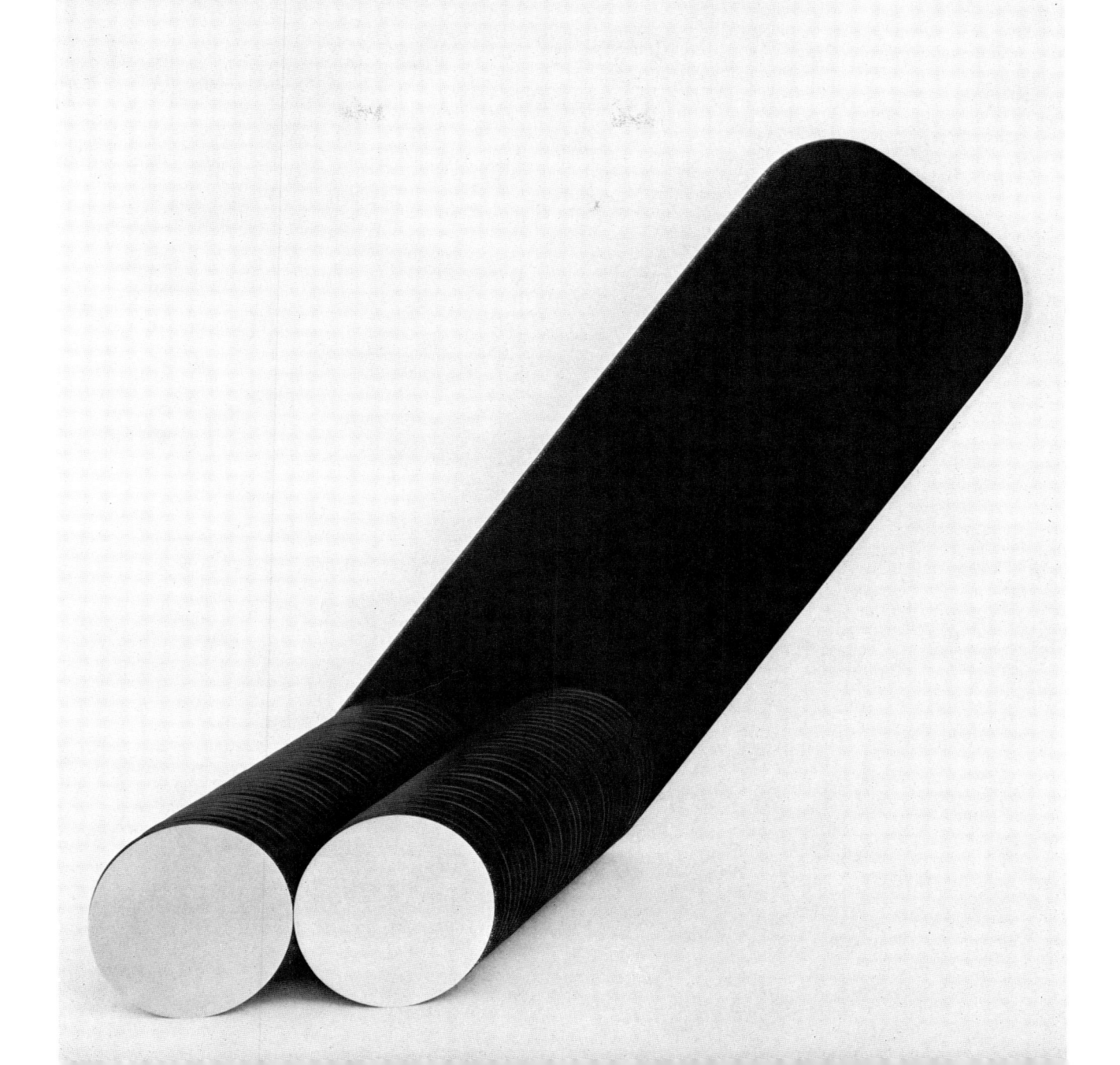

Schichtung 50
1967

Schicht-Block 4, 1970
Schicht-Block 1, 1970

Schichtung 79, 1968
Schichtung 61 (l'Internationale), 1967

Schichtung 13 a (Orakel), 1968

Relief 26, 1968

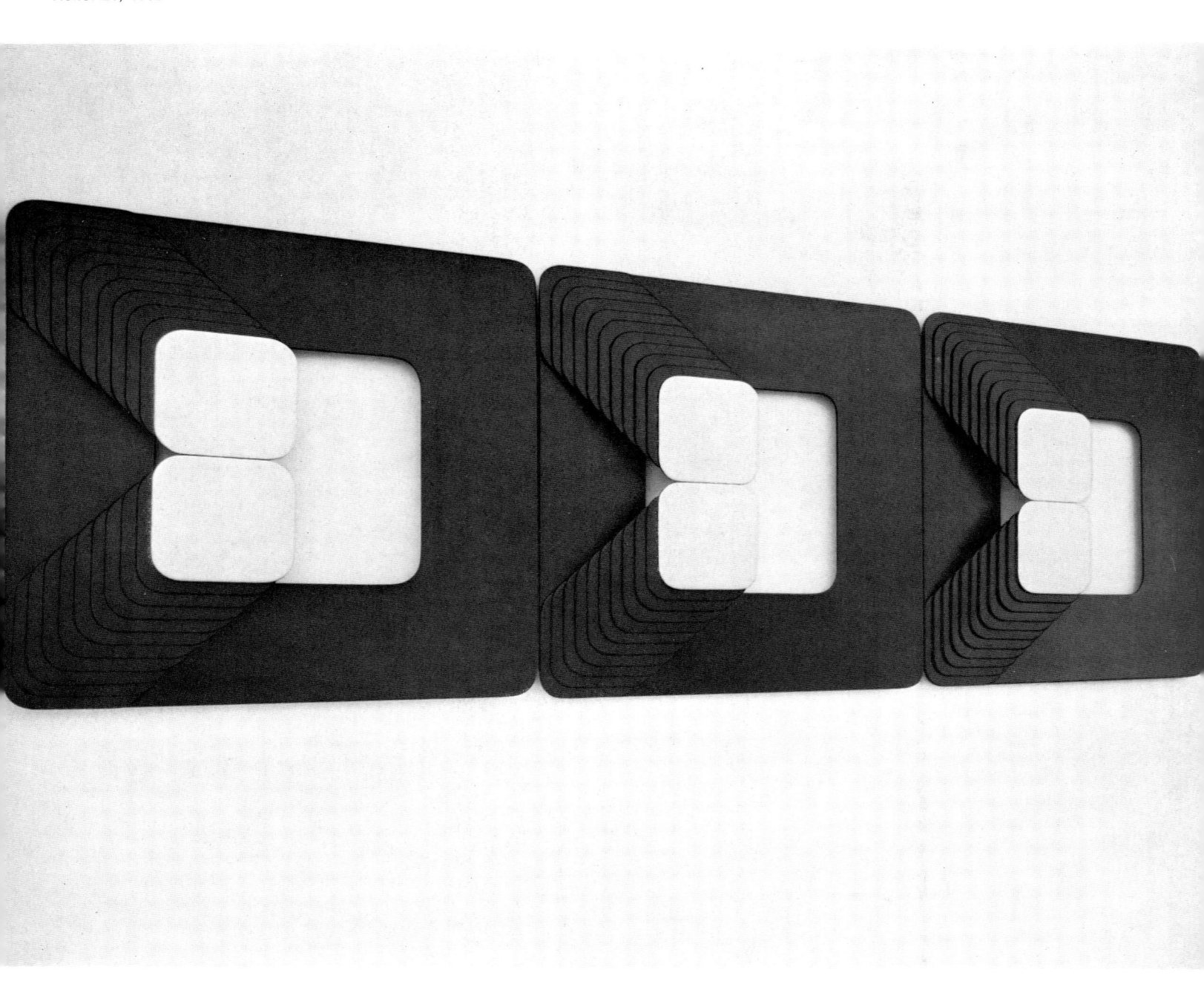

Relief 30, 1971

Rechte und linke Seite: Schichtungen aus der Serie ›Um-klapp-bar‹, 1970–73

Auf den vier folgenden Seiten: Modelle zur Serie ›Inn-Skulptur‹, 1967–70

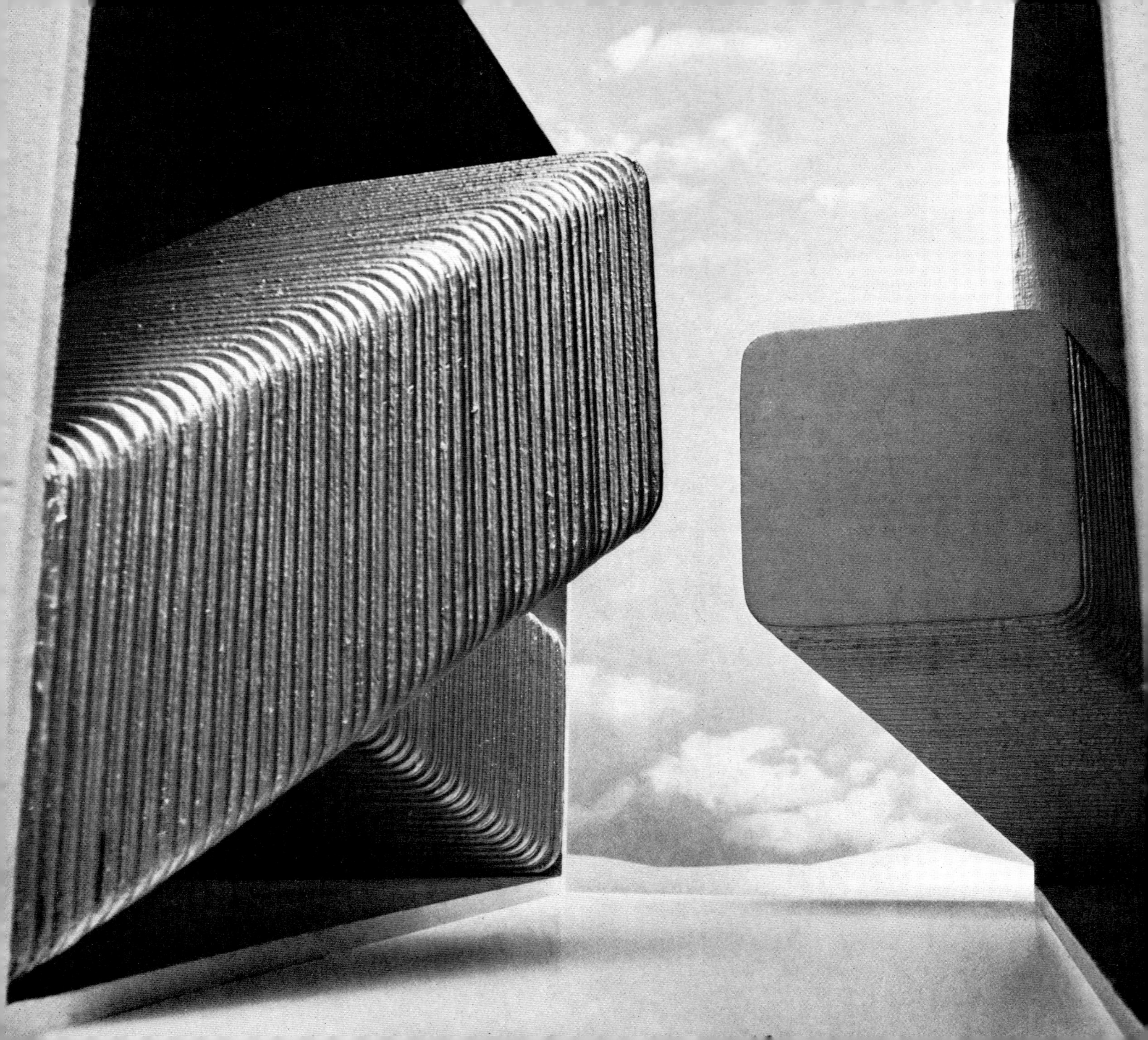

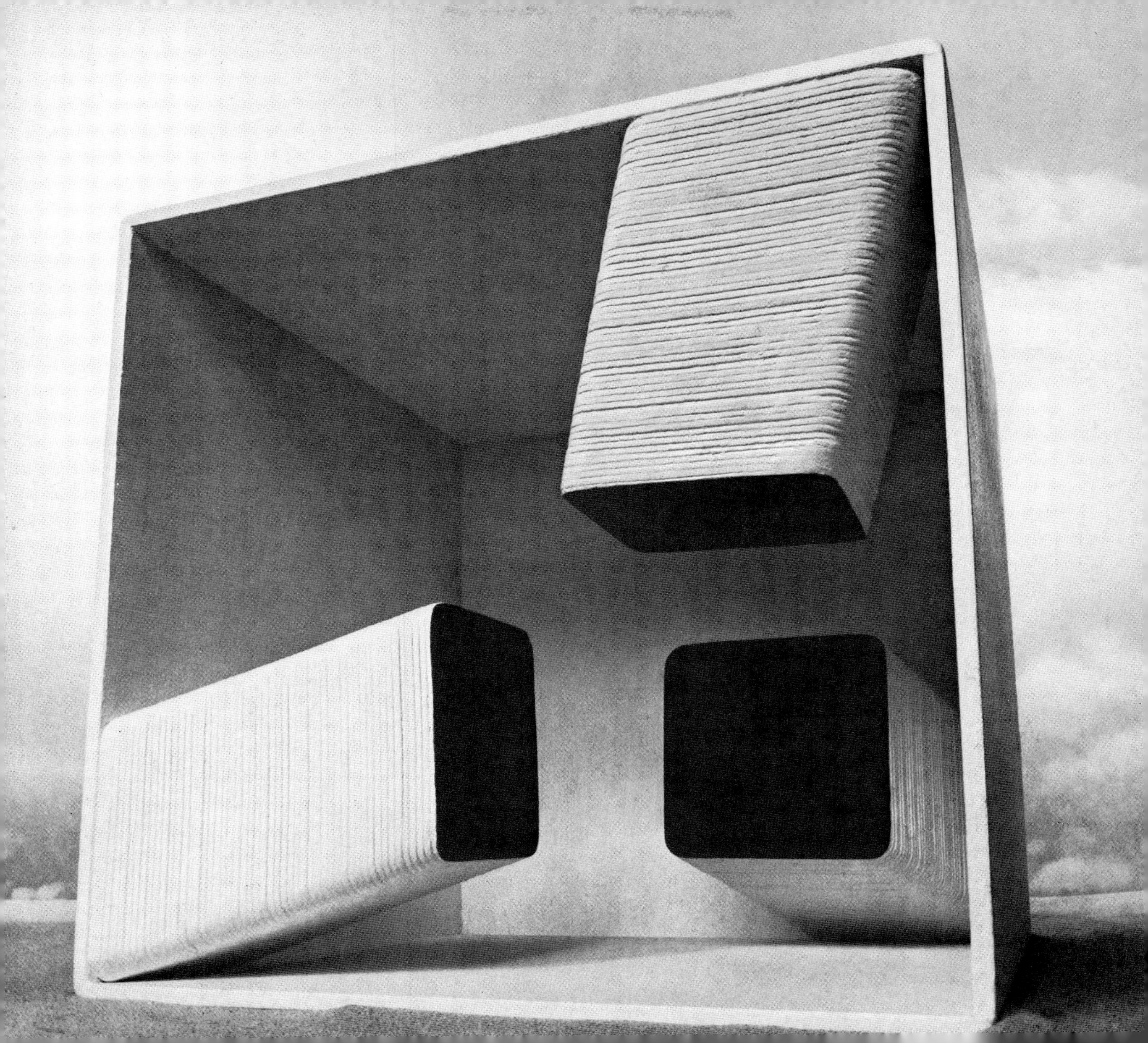

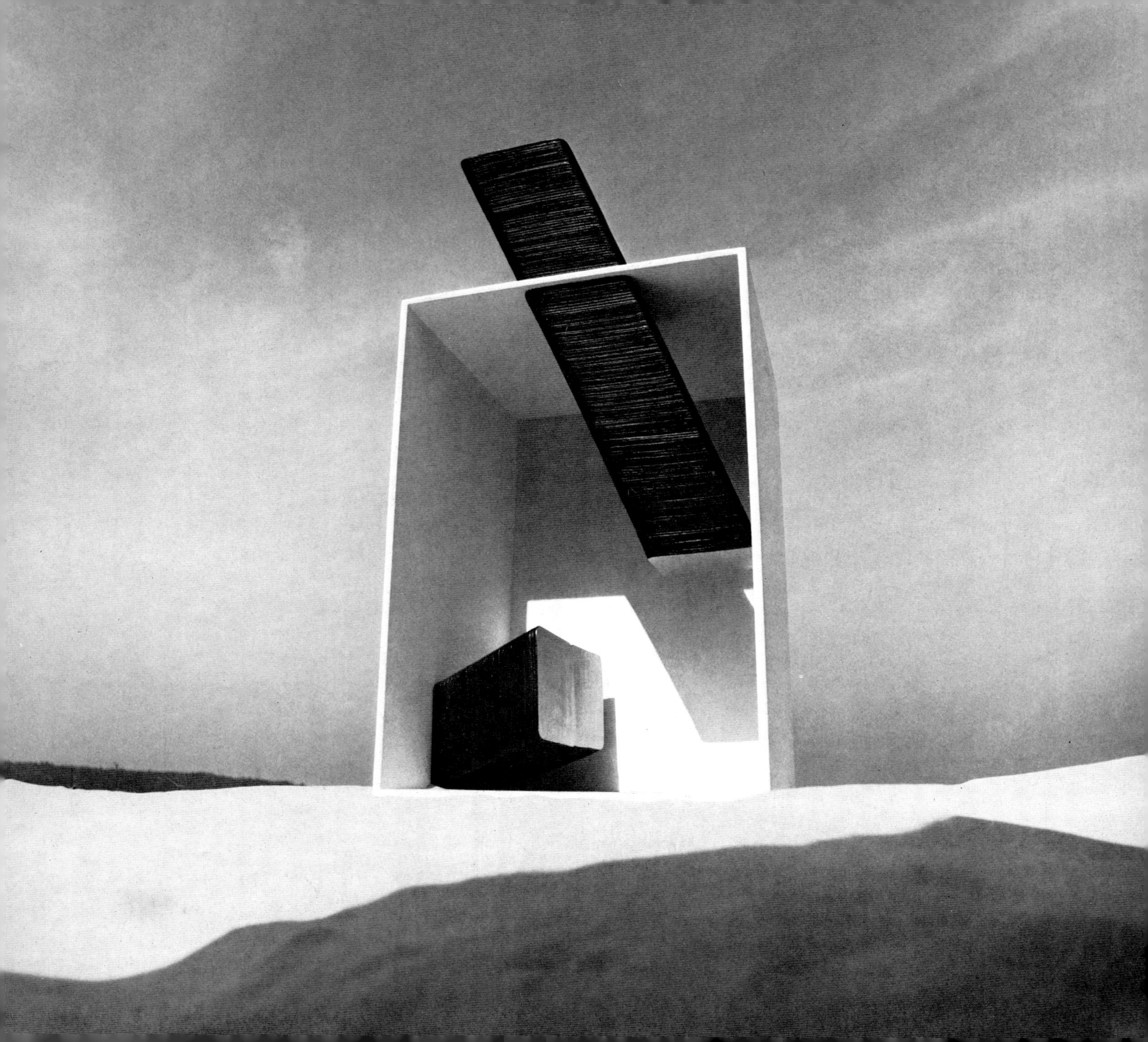

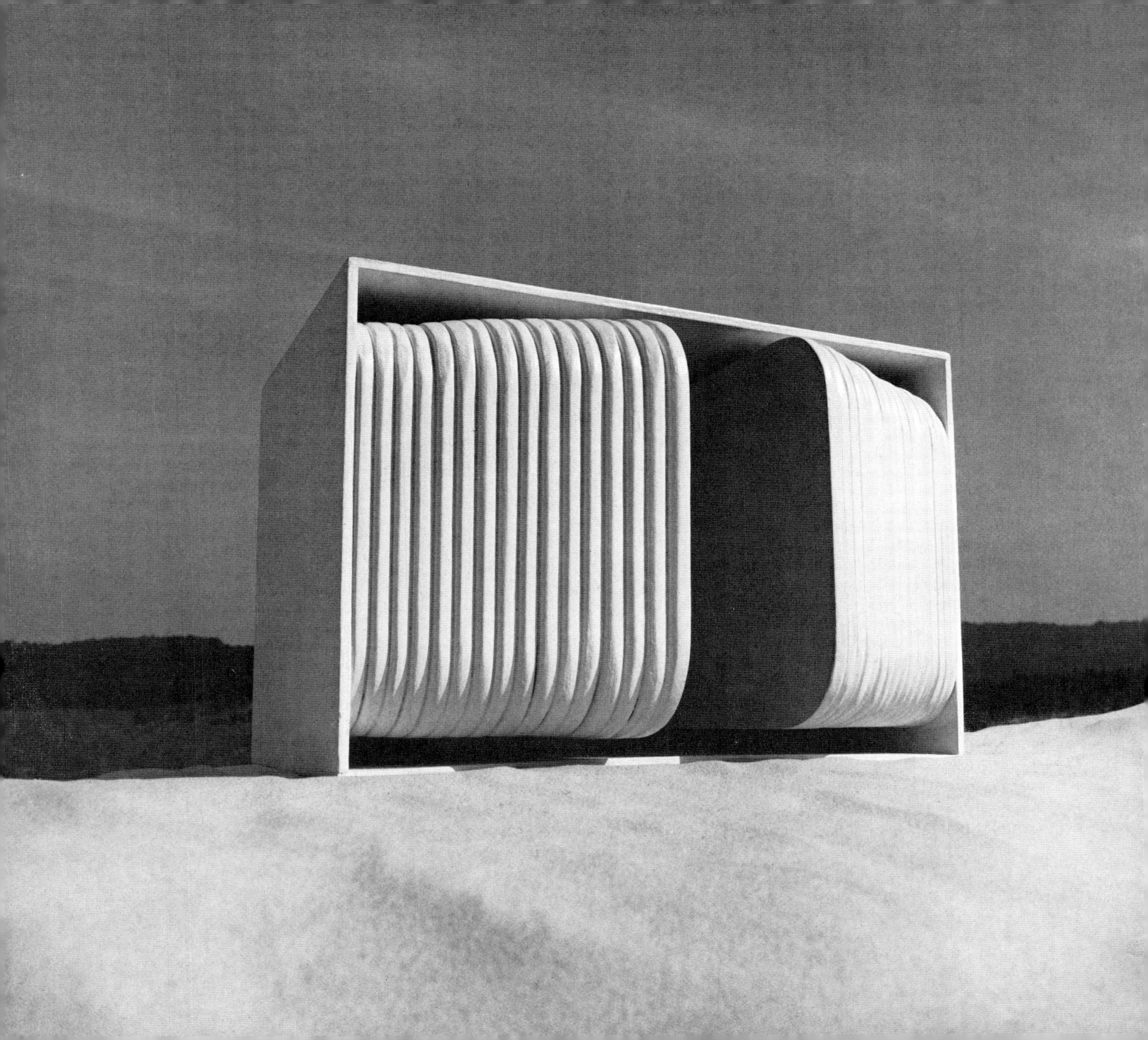

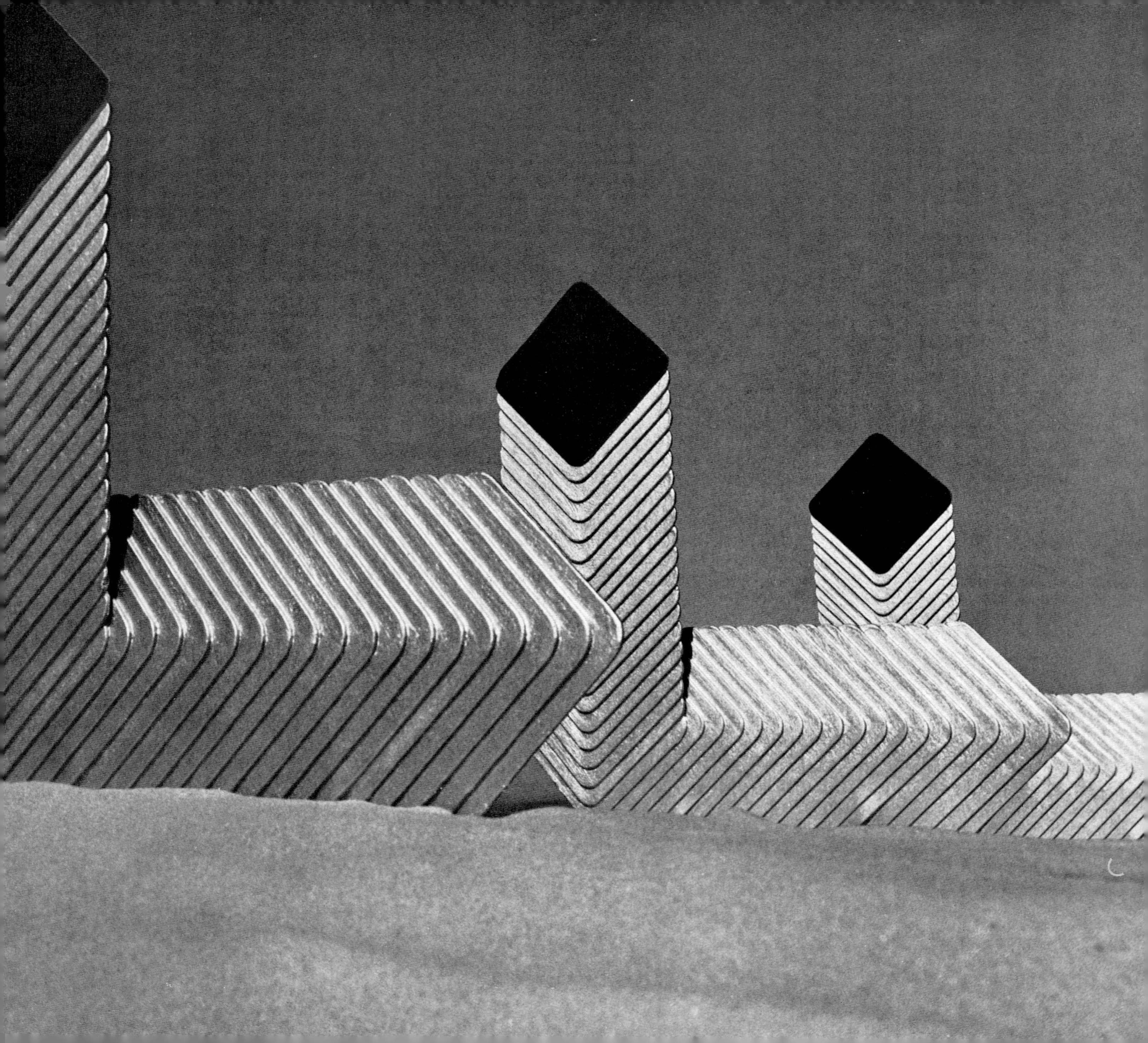

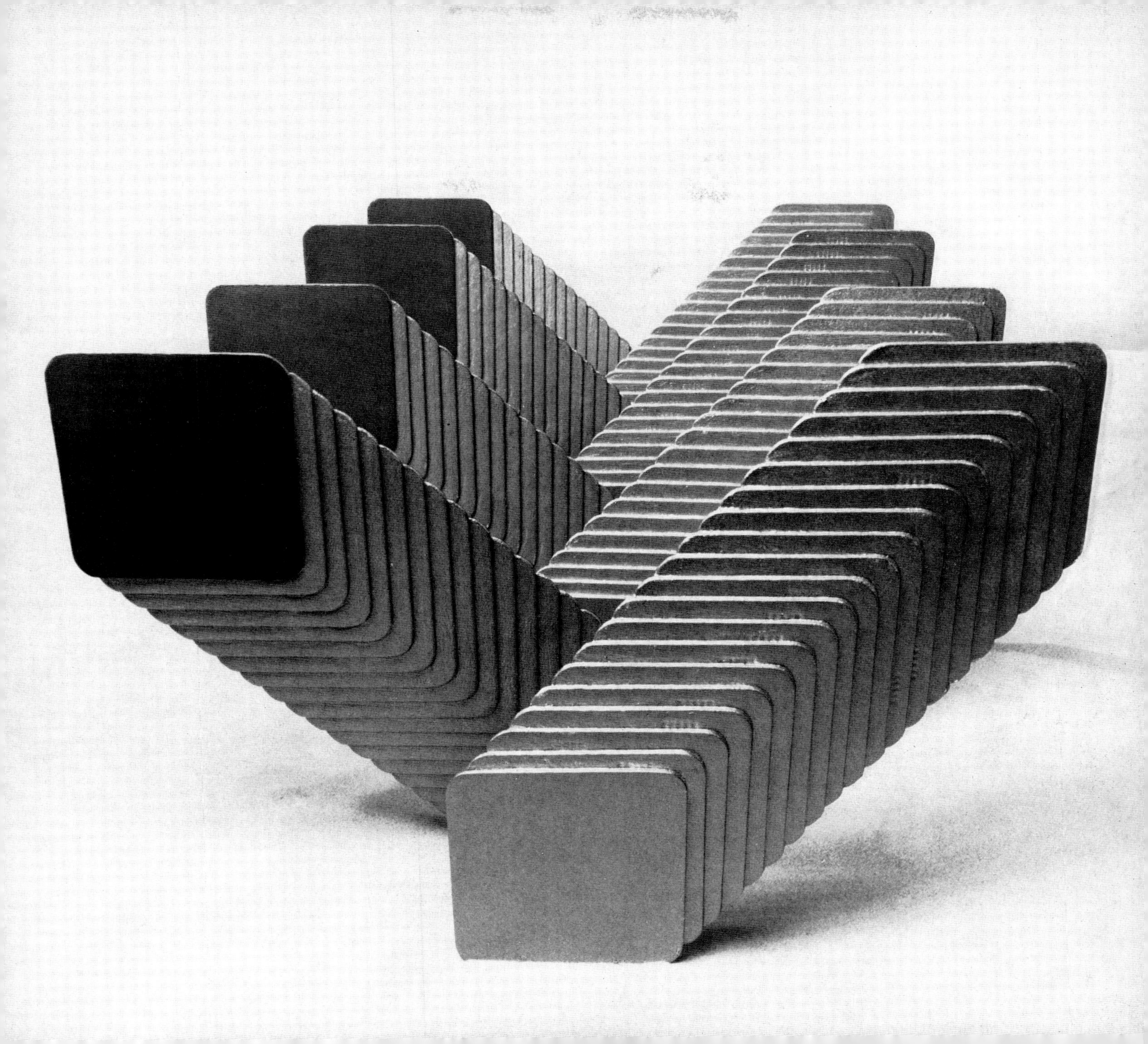

Auf den beiden vorhergehenden Seiten: Modelle zur Serie ›Kulissen‹, 1971

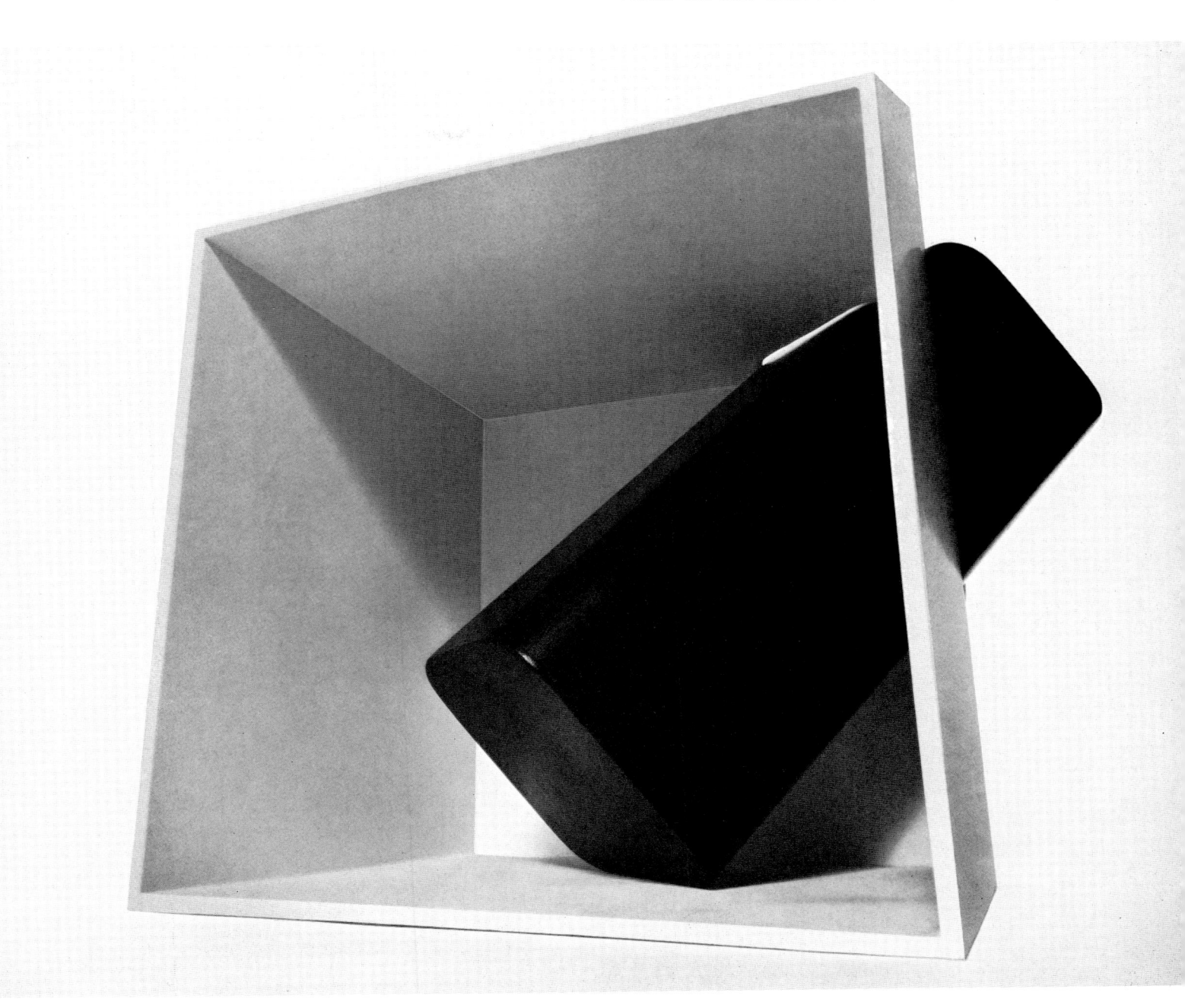

Rechte und linke Seite: Modelle zur Serie ›Domestica‹, 1971/72

Beide Seiten: Modelle zur Serie ›Monster‹, 1972/73

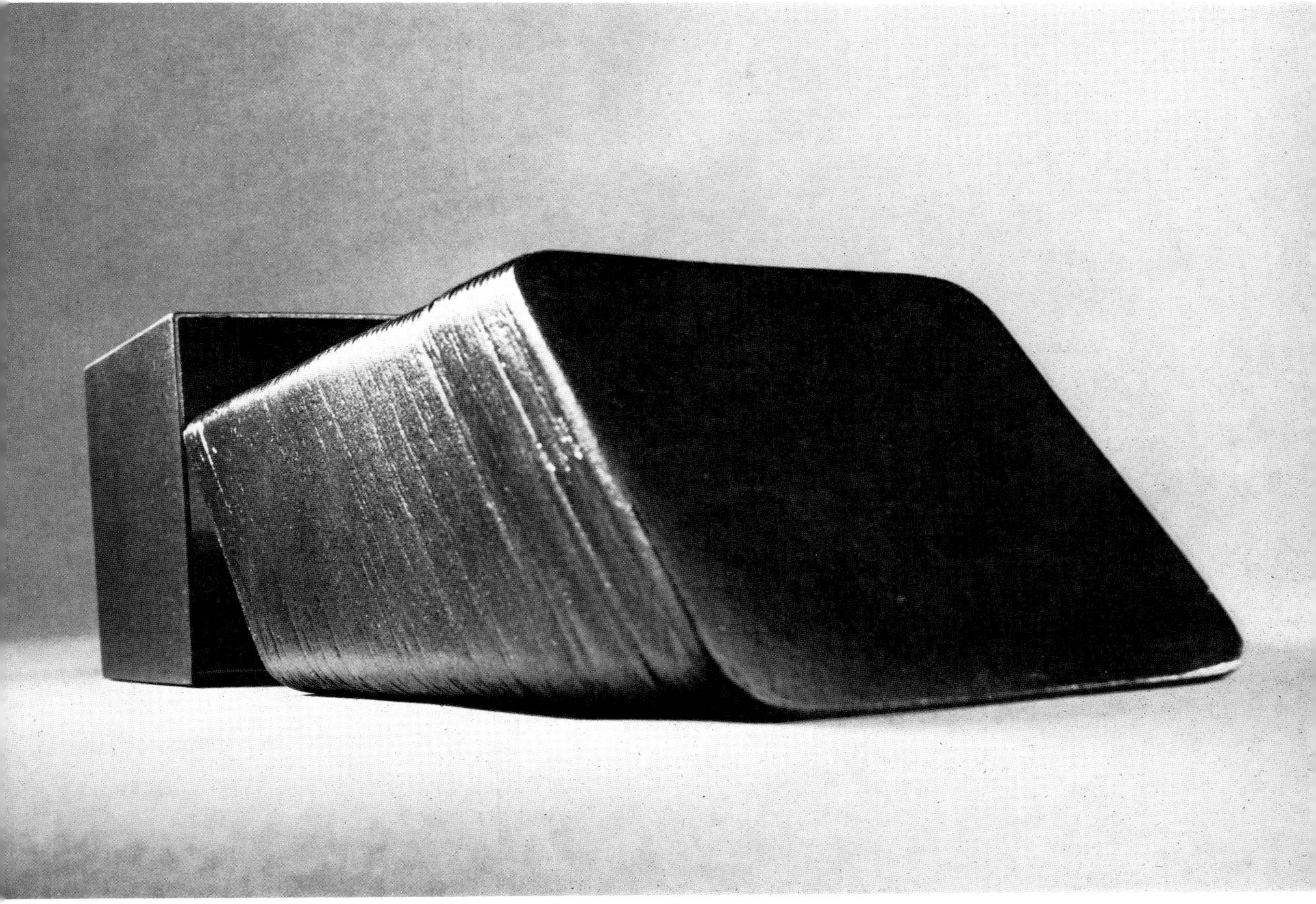

Seite 64–66: Modelle zur Serie ›Manhattan‹, 1972

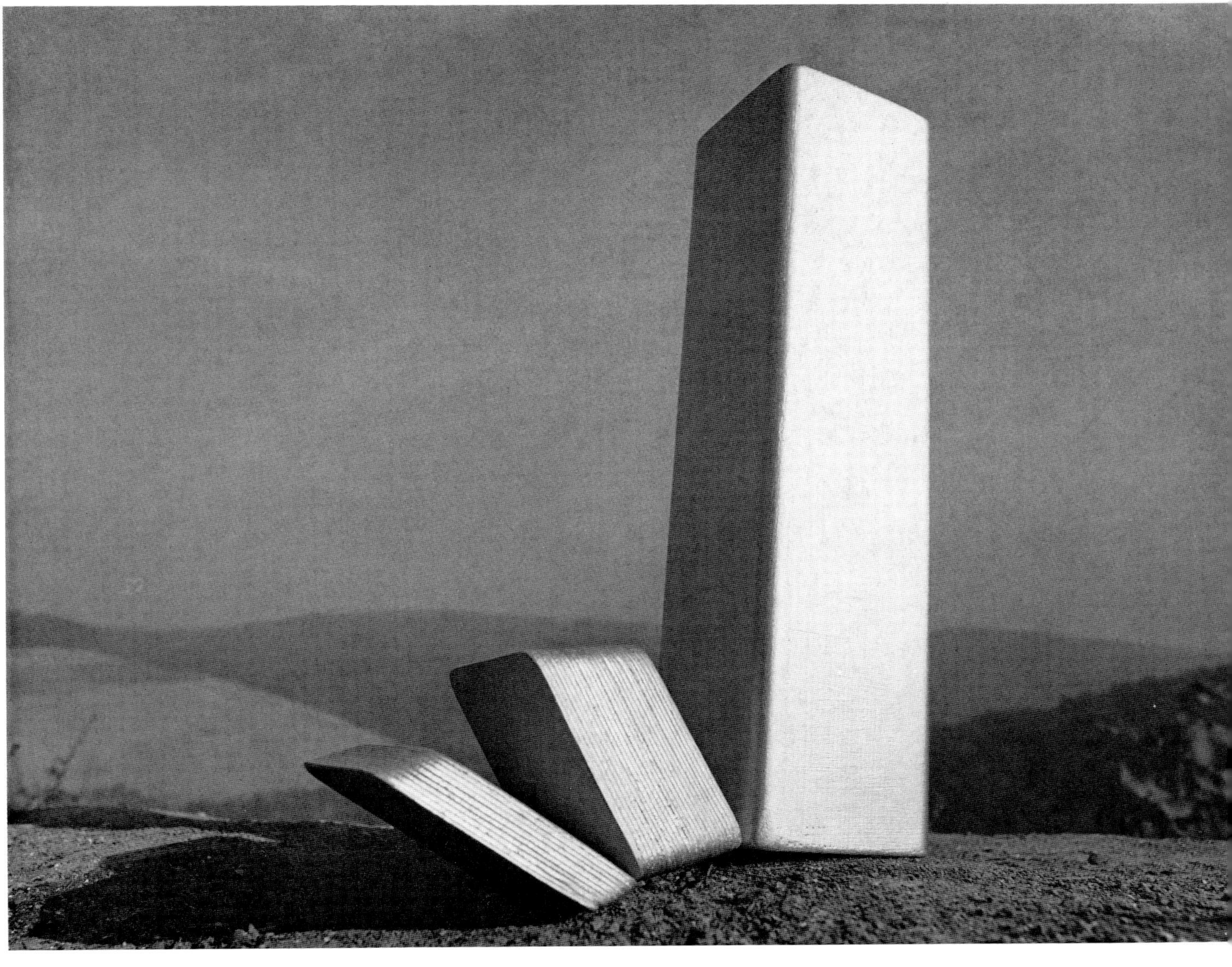

65

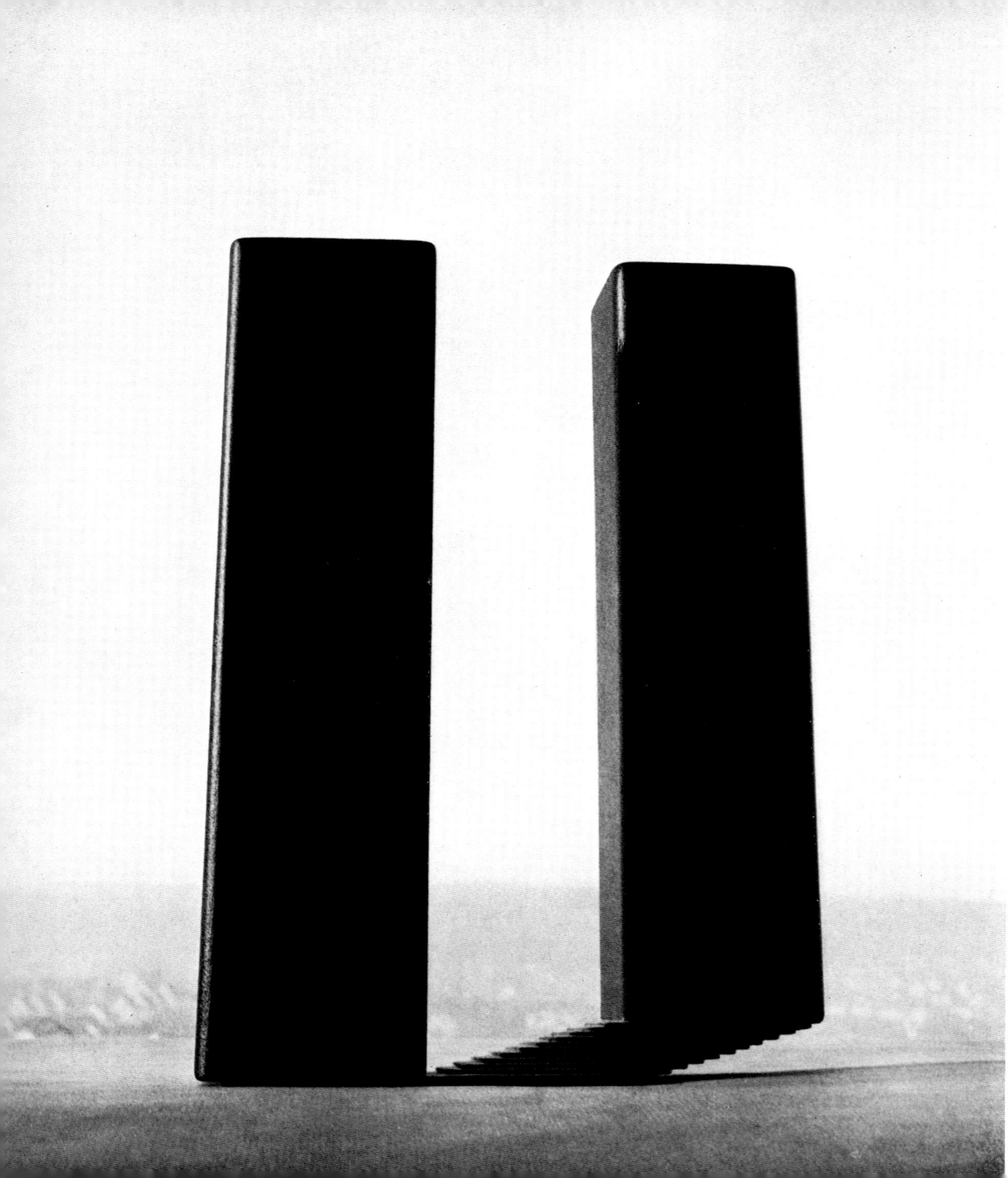

Verzeichnis der Abbildungen

8 *Dialektisches Objekt 14 (zentrifugal),* 1962. Zink, Beton, Plexiglas, 20×40×30 cm. Sammlung Georg Karl Pfahler, Fellbach
Objekt 32 e (Zonen), 1964. Beton, Stahlstäbe, 120×120×120 cm. Im Besitz des Künstlers
Objekt 33 a (für Alberto), 1964. Beton, Stahlstäbe, 40×50×30 cm. Im Besitz des Künstlers
10 *Schichtung 20,* 1967. Holz (schwarz, silber)*, 120×120×50 cm. Besitzer unbekannt
13 Modelle, 1960–63
14 *Phono-Skulptur,* 1970 (zusammen mit Erhard Karkoschka). Fotomontage
Schicht-Klammer, 1971/72. Schulzentrum Münster-Wolbeck. Beton, Frontplatten grün, 450×300×100 cm
15 *Spiegel-Schichtung,* 1972. Hochschulsportanlage auf dem Olympiagelände München. 330×160×20 cm
17 *Objekt 15,* 1961. Ton glasiert auf Beton, 80×60×40 cm. Sammlung Sommer, Schwäbisch Gmünd
18 *Dialektisches Objekt 13 (Bribir I),* 1962. Zink auf Beton, 90×40×50 cm. Im Besitz des Künstlers
19 *Dialektisches Objekt 19 (Mykenä),* 1963. Zink auf Beton, 60×30×15 cm. Besitzer unbekannt
20 *Objekt 20 (Hommage à Victor de),* 1963. Zink und Holz, 20×40×40 cm. Galerie Müller, Stuttgart
21 *Objekt 23 (status quasi),* 1963. Beton, Aluminium, Marmor, 50×90×40 cm. Im Besitz des Künstlers
22 *Schichtung 4 (Signalspalte),* 1964/65. Aluminium, teilweise farbig (leuchtrot), 170×170×50 cm. Fischbach Gallery, New York
23 *Schichtung 5 (Zour-Khâneh),* 1964/65. Aluminium, teilweise farbig (gelb), 120×120×45 cm. Sammlung Sommer, Schwäb. Gmünd
24 *Schichtung 9 (Nosferatu),* 1964/65. Holz, polychromiert (schwarz, silber), 100×100×50 cm. Besitzer unbekannt
25 *Schichtung 16 (Zour-Khâneh),* 1965. Holz, polychromiert (schwarz, silber), 160×90×35 cm. Im Besitz des Künstlers
26 *Schichtung 18,* 1965. Holz, polychromiert (schwarz, silber), 110×70×40 cm. Fischbach Gallery, New York
27 *Schichtung 11 (Brooklyn),* 1965. Holz, polychromiert (weiß, gelb), 30×80×20 cm. Sammlung Georg Karl Pfahler, Fellbach
28 *Schichtung 36 c (Zeichen in der Ebene),* 1969. Stahlplatten schwarz,

* Die zuerst genannte Farbe gibt jeweils die Farbe der Plastik an, die zweite die der Frontplatte

Frontplatten nichtrostender Stahl, 480 × 340 × 40 cm.
Eberhard Bauer, Esslingen
29 *Schichtung 21 a,* 1967. Plexiglas, farbig (schwarz, silber),
210 × 210 × 40 cm. Fischbach Gallery, New York
30 *Schichtung 31 d,* 1970. Aluminium, Frontplatte gelb, 30 × 20 × 20 cm.
Sammlung Fänn Schniewind, Neviges
31 *Schichtung 22,* 1965. Holz, polychromiert (schwarz, silber),
65 × 65 × 15 cm. Sammlung Günther und Renate Hauff, Stuttgart
32 *Relief 32,* 1973. Holz, polychromiert (rot, silber), 260 × 260 × 50 cm.
Im Besitz des Künstlers
33 *Relief 31 a,* 1971. Holz, polychromiert (weiß, orange), 260 × 260 × 50 cm.
Staatsgalerie, Stuttgart
34 *Relief 9,* 1965. Holz, polychromiert (gelb, silber), 240 × 240 × 30 cm.
Galerie Müller, Stuttgart
35 *Relief 14,* 1965. Holz, polychromiert (schwarz, silber), 225 × 125 × 20 cm.
Im Besitz des Künstlers
36 *Schichtung 80,* 1968. Plexiglas weiß, 25 × 15 × 10 cm.
Sammlung Ursula und Gerd Hatje, Stuttgart
Schichtung 87 (Dick und Doof), 1970. Holz schwarz. 90 × 80 × 45 cm.
Im Besitz des Künstlers
37 *Schichtung 26 d,* 1966. Aluminium, 45 × 15 × 15 cm.
Sammlung Hellmut und Traude Vöhringer, Hegnach bei Stuttgart
Schichtung 74 (Tsching und Tschang), 1968. Plexiglas schwarz,
50 × 20 × 15 cm. Sammlung Mimi Klein, Stuttgart
38 *Schichtung 29,* 1966. Aluminium, Frontplatte grün, 70 × 30 × 10 cm.
Sammlung Binanzer, Stuttgart
39 *Schichtung 28,* 1966. Aluminium, Frontplatte weiß, 45 × 45 × 10 cm.
Rowan Gallery, London
40 *Schichtung 89,* 1970. Holz, polychromiert (schwarz, silber),
100 × 50 × 50 cm. Im Besitz des Künstlers
41 *Schichtung 55 d,* 1968. Holz, polychromiert (schwarz, silber),
480 × 240 × 100 cm. Sammlung Ursula und Gerd Hatje, Stuttgart
42 *Schichtung 72,* 1968. Holz, polychromiert (schwarz, silber),
175 × 130 × 60 cm. Museum Nagaoka, Japan
43 *Schichtung 88,* 1970. Holz, polychromiert (schwarz, silber),
110 × 110 × 90 cm. Im Besitz des Künstlers
44 *Relief 17,* 1965. Holz, polychromiert (schwarz, silber), 150 × 80 × 20 cm.
Besitzer unbekannt
45 *Relief 25,* 1967. Holz, polychromiert (schwarz, silber), 300 × 150 × 20 cm.
Im Besitz des Künstlers
46 *Schichtung 62 (Zour-Khâneh),* 1967. Aluminium, 95 × 40 × 20 cm.
Sammlung H. G. Prager, Köln
47 *Schichtung 50,* 1967. Plexiglas schwarz, 100 × 100 × 40 cm.
Sammlung Georg Karl Pfahler, Fellbach

48 *Schicht-Block 4,* 1970. Aluminium, teilweise farbig (weiß), 80×75×75 cm. Im Besitz des Künstlers
Schichtung 79, 1968. Plexiglas schwarz, 50×45×30 cm. Wilhelm-Lehmbruck-Museum, Duisburg
Schicht-Block 1, 1970. Aluminium, teilweise farbig (schwarz), 115×65×65 cm. Universitätsbauamt, Stuttgart
Schichtung 61 (l'Internationale), 1967. Holz, polychromiert, 100×50×50 cm. Sammlung Rupprecht Geiger, München
49 *Schichtung 13 a (Orakel),* 1968. Plexiglas schwarz, 80×50×50 cm. Sammlung Muschler, Ulm
50 *Relief 26,* 1968. Holz, polychromiert (schwarz, silber), 300×100×15 cm. Besitzer unbekannt
51 *Relief 30,* 1971. Plexiglas (weiß, orange), 630×210×40 cm. Schickhardt-Gymnasium, Stuttgart
52 *Schichtung 98 (Serie Um-klapp-bar),* 1970–73. Aluminium, Front- und Grundplatte grün, 40×30×30 cm. Im Besitz des Künstlers
Schichtung 102 (Serie Um-klapp-bar), 1970–73. Aluminium, teilweise farbig (schwarz, weiß), 30×70×30 cm. Im Besitz des Künstlers
Schichtung 93 (Serie Um-klapp-bar), 1970. Aluminium, Frontplatten weiß, 25×40×75 cm. Im Besitz des Künstlers
Schichtung 100 (Serie Um-klapp-bar), 1970–73. Aluminium, Frontplatten grün, 45×45×30 cm. Im Besitz des Künstlers
53 *Schichtung 94 (Serie Um-klapp-bar),* 1970–73. Aluminium, Frontplatten schwarz, 30×50×40 cm. Im Besitz des Künstlers
54–57 Modelle zur Serie *Inn-Skulptur,* 1967–70. Im Besitz des Künstlers
58–59 Modelle zur Serie *Kulissen,* 1971. Im Besitz des Künstlers
60–61 Modelle zur Serie *Domestica,* 1971/72. Im Besitz des Künstlers
62–63 Modelle zur Serie *Monster,* 1972/73. Im Besitz des Künstlers
64–66 Modelle zur Serie *Manhattan,* 1972. Im Besitz des Künstlers

Umschlag: *Schichtung 78,* 1968. Plexiglas, 50×30×35 cm.
Galerie Wintersberger, Köln

Hans-Jürgen Müller und Thomas Lenk, Karlsruhe, 1964

Thomas Lenk und Frau Maria, Stuttgart, 1968
Stuttgarter Atelier, 1970

Biographie

1933 Geboren in Berlin-Charlottenburg.
1939 Übersiedlung nach Thüringen.
1945 Durch den Krieg bedingte Übersiedlung nach Württemberg.
1950 Kurzer Besuch der Kunstakademie Stuttgart. Danach Steinmetzlehre. Ansonsten Autodidakt. Plastische Arbeiten seit 1952.
1957 Nicht-figurative Skulpturen; hiermit beginnt die eigentliche persönliche Entwicklung. Bekanntschaft mit Georg Karl Pfahler.
1958 Teilnahme am internationalen Wettbewerb für ein Mahnmal im ehemaligen KZ Auschwitz. Erste Einzelausstellung in der Galerie Boukes, Wiesbaden. Bekanntschaft mit Hans-Jürgen Müller.
1959 Heirat mit Maria Bendig.
1960 ›Dialektische‹ Objekte. Mehrere Reisen nach Jugoslawien.
1962 Erstes bibliophiles Buch, zusammen mit Theodor W. Adorno.
1964 Erste *Schichtungen,* beim zufälligen Spiel mit Bierdeckeln entdeckt. Bekanntschaft mit Ed Sommer, Realisierung mehrerer *Schichtungen* dank seiner Unterstützung.
1966 Beschäftigung mit dem Verfahren des Siebdrucks.
1967 Übersiedlung nach Stuttgart. Entwürfe zu dem Projekt der *Inn-Skulptur* (Realisierungen *I. Biennale Nürnberg,* 1969 und *XXXV. Biennale Venedig,* 1970). Reisen nach New York und London. Bekanntschaft mit Bob Huot, Niclas Krushenik, Tony Smith und in London mit Philip King. Carnegie International Purchase Award Price, Pittsburgh.
1968 Erstmals Beschäftigung mit architekturgebundenen Projekten *(Skulptur-Raum-Konzeption,* Stadttheater Münster, ausgeführt 1972). Entwürfe zur Serie *Schicht-Block.* Ab 1968 Reisen nach Italien, Ungarn, Tschechoslowakei und Polen.
1969 Es entstehen hauptsächlich thematisch gebundene Modellserien, Entwürfe zu Büchern sowie das Filmprojekt *Dreimaligkeit.* Preis ›Socha Piestanských Parkov‹ Bratislava.
1970 Projekt einer Phono-Skulptur in Zusammenarbeit mit Erhard Karkoschka.
1971 Entwürfe für die Serien *Kulissen* und (1972) *Domestica, Manhattan* und *Monster.* Projekt einer Theater-Klang-Skulptur.
1973 *Varia,* variable Skulptur aus gleichen Elementen. Modellserie *Kraków.*
1974 Übersiedlung nach Tierberg bei Schwäbisch Hall. Preis der *2. Norwegischen Graphik-Biennale,* Fredrikstad.

Galerie Müller, Stuttgart, 1965

Hessisches Landesmuseum, Darmstadt, 1968:
Ausstellung *Thomas Lenk und Georg Karl Pfahler*
XXXV. Biennale in Venedig, 1970

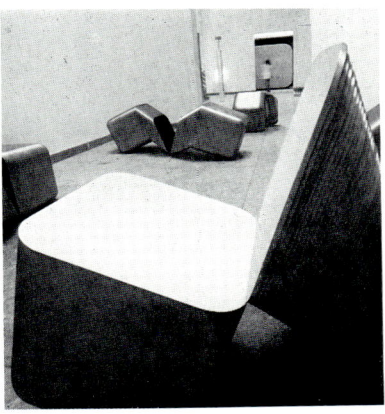

Ausstellungen

Einzelausstellungen

1958 Galerie Boukes, Wiesbaden
1962 Galerie Müller, Stuttgart
1963 Galerie Parnaß, Wuppertal
1964 studio f, Ulm
1965 Galerie Müller, Stuttgart
1966 Galerie Felix Handschin, Basel
     Galerie Bischofberger, Zürich (mit Lothar Quinte)
     Galerie Ricke, Kassel
     Galerie Thomas, München
1967 Fischbach Gallery, New York
     Rowan Gallery, London
     Galleria del Naviglio, Mailand
1968 Westfälischer Kunstverein, Münster (mit Lothar Quinte)
     Hessisches Landesmuseum, Darmstadt (mit Georg Karl Pfahler)
     Galerie der Stadt Stuttgart
1969 Galerie Renée Ziegler, Zürich
     Hudson Gallery, Detroit
1970 XXXV. Biennale Venedig, deutscher Pavillon (mit Heinz Mack,
     Georg Karl Pfahler und Günther Uecker)
     Galerie Müller, Stuttgart
     studio f, Ulm
1971 Museum Bochum (Graphik)
     Museum Folkwang, Essen, und ›Zacheta‹, Warschau
     (deutscher Biennalebeitrag zur XXXV. Biennale Venedig)
     Kunstmuseum der Stadt Düsseldorf (Graphik)
     Galerie St. Johann, Saarbrücken
1973 Galerie Richard Foncke, Gent
     Museum Folkwang, Essen
1974 Württembergischer Kunstverein, Stuttgart
     Städtische Kunsthalle, Düsseldorf (mit Ed Dekkers und Philip King)
     Langsam Galleries, South Yarra, Australien
1976 Kölnischer Kunstverein (mit Georg Karl Pfahler und Hans Uhlmann)

Ausgewählte Gruppenausstellungen

1961 *30 junge Deutsche,* Städtisches Museum Leverkusen, Schloß Morsbroich,
     und Kunstverein St. Gallen
1963 *V. Biennale Internazionale del Bronzetto,* Padua

Museum Folkwang, Essen, 1971. Von links nach rechts: Georg Karl Pfahler, Dieter Honisch, Günther Uecker, Heinz Mack, Thomas Lenk
Museum Folkwang, Essen, 1973: Konzeption Einraum

Württembergischer Kunstverein, Stuttgart, 1967: Ausstellung *Formen der Farbe*

1963 – 1969 Beteiligung an den jährlichen Ausstellungen des Deutschen Künstlerbundes
1964 *Sculpture allemande du vingtième siècle,* Musée Rodin, Paris
Illustrationen, Staatliche Kunsthalle Baden-Baden
1965 *Farbobjekte und Signale,* Haus am Waldsee, Berlin
1966 *Signale,* studio f, Ulm
Multiplicity, Institute of Contemporary Art, Boston
Musische Geometrie, Kunstverein Hannover
Junge Generation, Akademie der Künste, Berlin
New Shapes of Color, Stedelijk Museum, Amsterdam
1967 *Formen der Farbe,* Württembergischer Kunstverein, Stuttgart, und Kunsthalle Bern
Serielle Formationen, Johann-Wolfgang-Goethe-Universität, Frankfurt/Main
Wege 1967, Museum am Ostwall, Dortmund
Sculpture from Twenty Nations, Solomon R. Guggenheim Museum, New York, und Museen in Toronto, Ottawa und Montreal
18 Galerien – 36 Künstler (1. Kunstmarkt), Kölnischer Kunstverein
Carnegie International, Museum of Art, Carnegie Institute, Pittsburgh
1968 *Junge deutsche Plastik,* Wilhelm-Lehmbruck-Museum der Stadt Duisburg
Linee della Ricerca, Sonderausstellung der XXXIV. Biennale, Venedig
4. Documenta, Kassel
Recent Prints, Jewish Museum, New York
The 5th Exhibition of the Museum of Contemporary Art, Nagaoka, Japan
1969 *40 Deutsche unter 40,* Museen von Oslo, Stavanger, Trondheim, Bergen, Helsinki, Kunsthalle Bremen und Städtische Kunsthalle, Recklinghausen
I. Biennale Nürnberg – konstruktive Kunst, Kunsthalle Nürnberg
Beispiele europäischer Plastik heute, Wiener Secession, Wien
Konstruktivna Umetnost, Muzej Beograd
Socha Piestanských Parkov, Bratislava
Skulptur – 27 deutsche Plastiker, Heidelberger Kunstverein
1970 *Weltausstellung Osaka,* deutscher Pavillon
Sammlung Etzold, Kölnischer Kunstverein
1971 *International Biennial of Prints,* National Museum of Modern Art, Tokyo, und Kyoto National Museum of Modern Art
Zeitgenössische deutsche Kunst, National Museum of Modern Art, Tokyo, und Kyoto National Museum of Modern Art
Sammlung Cremer, Heidelberger Kunstverein
1972 *IV. Internationale Graphik Biennale,* Kraków
Systematische Abstraktion, Galerie Müller, Köln
IXe Biennale Internationale d'Art, Menton
1973 *12. Biennale Middelheim,* Antwerpen
Plastik der 60er Jahre, Internationale Gartenbau-Ausstellung, Hamburg
Visuelle Ordnungen, Nationalgalerie, Berlin

	Sammlung Dobermann, Landesmuseum für Kunst und Kunstgeschichte, Münster
	Kunst aus Privatbesitz, Württembergischer Kunstverein, Stuttgart
1974	4. Graphik-Triennale, Wroclaw (Breslau)
	2. Norwegische Graphik-Biennale, Fredrikstad
	25 Jahre Kunst in der Bundesrepublik, Kunstmuseum Bonn
1975	Twentieth Century German Graphics, New School Art Center, New York, und Staatsgalerie Stuttgart
	X. Biennale Internazionale del Bronzetto, Padua
1976	Licht und Geometrie, Bab-el-Louk, Kairo
	3. Norwegische Graphik-Biennale, Fredrikstad

4. Documenta in Kassel, 1968: Werke von Christo, Thomas Lenk und Tony Smith (von links nach rechts)

Relief-Wand, 1975, Schulzentrum in Stuttgart-Freiberg

Arbeiten im Architekturbereich

Skulptur-Raum-Konzeption, Stadttheater Münster, Studiobühne, entworfen 1968, ausgeführt 1972. Architekt: Architektenteam Max von Hausen/Ortwin Rave
Konzeption aus skulpturalen Elementen, Messestand der Firma Eberhard Bauer in Hannover, 1969
Raster-Relief, Hauptverwaltung Karstadt, Essen, 1969
Skulpturale Gesamtkonzeption, Universität Konstanz, entworfen 1969/70
Skulptur-Raum-Konzeption, Universität Stuttgart, entworfen 1970
Spiegel-Schichtung, Hochschulsportanlage auf dem Olympiagelände in München, 1972. Architekt: Heinle, Wischer und Partner
Schicht-Klammer, Schulzentrum Münster-Wolbeck, entworfen 1971, ausgeführt 1972. Architekt: Michael Knoche
Schicht-Staffelung, Olympiagelände in München, U-Bahn-Bereich, entworfen 1971
Skulptur-Raum-Konzeption, Landesversicherungsanstalt, Münster, entworfen 1972
Relief-Wand-Relief, Berufsschulzentrum, Neuss, entworfen 1972
Relief-Wand, Schulzentrum, Stuttgart-Freiberg, entworfen 1973, ausgeführt 1975. Architekt: Wilfried Beck-Erlang
Farb- und Leitsystem, Technische Universität München, entworfen 1973
Künstlerische Gesamtkonzeption, U-Bahn-Station ›Universität‹, Stuttgart, entworfen 1974, ausgeführt 1975. Architekt: Wilfried Beck-Erlang
Künstlerische Gesamtkonzeption, Badisches Staatstheater, Karlsruhe, entworfen 1975
Wasser-Skulptur, Landespolizeidirektion, Tübingen, entworfen 1975
Heilbronner Kapitell, Finanzamt, Heilbronn, entworfen 1975, ausgeführt 1976/77. Architekten: Kurt Pläcking und Reinhold Dupper

Bibliographie

Bibliophile Ausgaben
Theodor W. Adorno/Thomas Lenk. *Nachbilder zu Mahler.* Stuttgart, Handpressendrucke Klaus Burkhardt, 1962
Helmut Heißenbüttel/Thomas Lenk. *Auseinandersetzen.* Stuttgart, Manuspresse, 1970
Thomas Lenk/Johannes Weidenheim. *Der Tod der Jugovič-Mutter.* Stuttgart, Manuspresse, 1971
Thomas Lenk/Franz Mon. *Aufenthaltsraum.* Duisburg, Guido-Hildebrandt-Verlag, 1972
Thomas Lenk. *Die Quadratur des Triptychons.* Stuttgart, Manuspresse, 1972

Bücher
Udo Kultermann. *Junge deutsche Bildhauer.* Mainz, Verlag Florian Kupferberg, 1964
Ulrich Gertz. *Plastik der Gegenwart.* Berlin, Rembrandt-Verlag, 1964
Udo Kultermann. *Neue Dimensionen in der Plastik.* Tübingen, Verlag Ernst Wasmuth, 1967
Rolf-Gunter Dienst. *Positionen.* Köln, Verlag DuMont-Schauberg, 1968
Heinz Fuchs. *Plastik der Gegenwart* (Reihe *Kunst der Welt*), Baden-Baden, Holle-Verlag, 1970
Rolf-Gunter Dienst. *Deutsche Kunst – eine neue Generation.* Köln, Verlag DuMont-Schauberg, 1970
Karin Thomas. *Bis Heute.* Köln, Verlag DuMont-Schauberg, 1971
Jürgen Morschel. *Deutsche Kunst der 60er Jahre.* München, Verlag F. Bruckmann, 1972
Kunst in der Stadt, Hinwil, Edition Howeg, 1972
Paul Wember. *Blattkünste.* Krefeld, Scherpe Verlag, 1973
Juliane Roh. *Deutsche Kunst seit 1960 – Druckgraphik.* München, Verlag F. Bruckmann, 1974

Aufsätze
Manfred de la Motte. »Aktuelles in Deutschland«, *Art International* (Lugano), VII/2, 1964
Udo Kultermann. »Neue Arbeiten von Thomas Lenk«, *Art International* (Lugano), IX/2, 1965
Manfred de la Motte. »Plastik in Deutschland«, *Art International* (Lugano), X/7, 1966
Juliane Roh. »Neue Abstraktion in Deutschland«, *WERK,* Nr. 8, 1966
Ed Sommer. »Thomas Lenk«, *Art International* (Lugano), X/10, 1966
Edward F. Fry. *Thomas Lenk* [Ausstellungskatalog]. Fischbach Gallery, New York, und Hessisches Landesmuseum, Darmstadt, 1967

Kurt Leonhardt. »La nouvelle abstraction«, *Aujourd'hui* (Boulogne), 1967
Dieter Honisch. *Zu Lenks Grafiken* [Ausstellungsprospekt]. Galerie Müller, Stuttgart, 1967
Ed Sommer. »Four Interviews«, *Art International* (Lugano), XII/5, 1968
Jürgen Claus. »Strukturprinzipien«, *Jahresring 68/69*. Stuttgart, Deutsche Verlagsanstalt, 1968
Dieter Honisch. »Zu den neuen Arbeiten von Thomas Lenk«, *Das Kunstwerk* (Stuttgart), XXII/11–12
Dieter Honisch. »Thomas Lenk«, Katalog zur XXXV. Biennale Venedig, 1970
Dieter Honisch. »Mit dem Ergebnis zufrieden«, *Jahrbuch der deutschen Kunst*. Hannover, Fackelträger-Verlag, 1970
Friedrich W. Heckmanns. *Prinzip Seriell – Thomas Lenk* [Ausstellungskatalog]. Kunstmuseum der Stadt Düsseldorf, 1971
Bernhard Kerber. »Szene Rhein-Ruhr«, *Art International* (Lugano), XVII/1, 1973
Heiner Stachelhaus. »Urbanwerk aus Bierdeckeln«, *NRZ – Neue-Ruhr-Zeitung*, 7. 12. 1973
Dieter Honisch. *Künstler im Museum* [Ausstellungskatalog]. Museum Folkwang, Essen, 1973
Helmut Heißenbüttel. »Paraphrasen«, Süddeutscher Rundfunk, 17. 3. 1973
Werner Spies. *Konzepte elfter Druck*. Stuttgart, Manuspresse, 1973
Günther Wirth. »Schichtungen«, *möbel + dekoration* (Stuttgart), Nr. 8, 1974

Arbeiten in öffentlichen Sammlungen

Chase Manhattan Collection, New York; Flint Institute of Arts, Flint, Michigan; Galerie der Stadt Stuttgart; János Pannonius Múzeum, Pécs, Ungarn; Kunsthalle Nürnberg; Kunstmuseum Basel, Kupferstichkabinett; Landesmuseum für Kunst und Kulturgeschichte, Münster/Westfalen; Museum of Art, Carnegie Institute, Pittsburgh, Pennsylvania; Museum Bochum; Museum Folkwang, Essen; Museum of Modern Art, New York; Museum Soto, Ciudad Bolivar, Caracas; Museum Städtische Kunstsammlungen, Bonn; Muzeum Architektury (Architekturmuseum), Wroclaw (Breslau); Muzeum Naradowe (Nationalmuseum), Kraków (Krakau); Muzeum Naradowe, Warszawa (Warschau); Muzeum Naradowe, Wroclaw (Breslau); Muzeum Sztuki, Lodz; Nagaoka Contemporary Art Museum, Nagaoka, Japan; Nasjonalgalleriet, Oslo; Power Gallery of Contemporary Art, Sydney, Australien; Staatsgalerie Stuttgart; Städtische Galerie Wolfsburg; Städtische Kunsthalle Düsseldorf; Städtische Kunsthalle, Mannheim; Städtische Kunsthalle Recklinghausen; Städtische Kunstsammlungen Ludwigshafen; Szépmüvészeti Múzeum (Museum der bildenden Künste), Budapest; Tate Gallery, London; Wilhelm-Lehmbruck-Museum der Stadt Duisburg.

Fotonachweis

Gerhard Binanzer, Stuttgart: Seite 8, 13, 17–27, 37 (links), 38, 39, 71 (oben)
Niko Heinrich, Stuttgart: Seite 14 (oben), 28–31, 33–36, 37 (rechts), 40–63, 71 (Mitte und unten), 72 (unten), 73
Mimi Klein, Stuttgart: Seite 32, 64–66, 72 (Mitte)
Dieter Rensing, Münster/Westf.: Seite 14 (unten)
Röhm-Plexiglas, Darmstadt: Seite 15
Johannes Schubert, Stuttgart: Seite 10

Satz und Druck dieses Buches wurden von der Druckerei Ernst Leyh, Stuttgart, ausgeführt. Die buchbinderische Verarbeitung lag in den Händen der Buchbinderei Karl Dieringer, Stuttgart. Die Klischees wurden von der Graphischen Kunstanstalt Brüllmann KG, Stuttgart, angefertigt.